"十二五"国家重点图书出版规划项目
中国森林生态网络体系建设出版工程

国家出版基金项目
NATIONAL PUBLICATION FOUNDATION

成都现代林业发展战略

Modern Forestry Development Strategy for Chengdu

彭镇华 等著

Peng Zhenhua etc.

中国林业出版社
China Forestry Publishing House

图书在版编目（CIP）数据

成都现代林业发展战略 / 彭镇华等著 . —北京：
中国林业出版社，2014.12
"十二五"国家重点图书出版规划项目
中国森林生态网络体系建设出版工程
ISBN 978-7-5038-7745-2

Ⅰ. ①成…　Ⅱ. ①彭…　Ⅲ. ①林业经济 – 经济
发展战略 – 研究 – 成都市　Ⅳ. ①F326.277.11

中国版本图书馆 CIP 数据核字（2014）第 275648 号

出版人：金　旻
中国森林生态网络体系建设出版工程
选题策划　刘先银　策划编辑　徐小英　李　伟

成都现代林业发展战略

统　筹　王　成
责任编辑　刘先银　刘香瑞

出版发行　中国林业出版社
地　址　北京西城区刘海胡同 7 号
邮　编　100009
E - mail　896049158@qq.com
电　话　（010）83143525　83143544
制　作　北京大汉方圆文化发展中心
印　刷　北京中科印刷有限公司
版　次　2014 年 12 月第 1 版
印　次　2014 年 12 月第 1 次
开　本　889mm×1194mm　1/16
字　数　150 千字
印　张　7
彩　插　24
定　价　79.00 元

序 言
FOREWORD

改善生态环境、建设宜居城市，是成都市委、市政府实施可持续发展战略，构建生态文明社会的重大决策，也是把成都建设为"经济中心、文化名城、休闲之都"的重要战略举措。

为了巩固已有的建设成果，进一步加快成都林业、园林发展步伐，推进成都生态文明建设,配合成都市"全国统筹城乡综合配套改革试验区"的建设，2006 年，成都市林业和园林管理局委托中国林业科学研究院编制《成都市城乡国土绿化发展总体规划》，为此成立了规划工作领导小组，并由中国林业科学研究院、成都市风景园林规划设计院、北京林业大学、四川省林业科学研究院、成都市林业科学研究所等单位的专家组成规划工作技术小组。

规划编制专家组收集了成都市近十年来林业发展、环境变化、社会经济发展等相关资料以及 20 世纪 70 年代至 2006 年四个时期的卫片资料，实地考察了成都主要街区园林建设和山区林业发展的情况，深入分析了成都市与绿化相关的主要生态经济问题、绿化现状与潜力，按照国家提出的建设和谐社会和生态文明的要求，在充分借鉴国内外林业和园林发展经验的基础上，结合成都城市发展定位和经济社会发展对林业和园林的多种需求，提出了"绿色成都，幸福家园"的成都林业和园林发展核心理念，这个理念从林业和园林建设角度，突出体现成都是一座"来了不想走，走了还想来的城市"，是绿色之都，也是幸福之城；同时提出了实现"绿色成都，幸福家园"的核心理念，在建设途径上必须生态、产业、文化协调发展；还提出了成都市城市林业发展的建设原则、总体布局、发展目标、重点建设工程，

由于"5·12"汶川特大地震的影响，为了有力地推进成都林业和园

林建设，针对"5·12"地震对成都市造成影响的实际，规划还增加了防灾避险和地震损毁地生态恢复重建的内容。

　　建设"绿色成都，幸福家园"是我国西部重要城市成都现代林业和园林建设的创举，为西部城市建设树立了一个典范，对指导我国西部城市林业和园林建设具有重要的意义。本论著是以彭镇华教授为首的项目专家组经过几年深入研究的成果荟萃，是全体项目领导和专家的集体智慧。本书的出版，将为我国西部城市林业和园林建设提供可借鉴的依据，必将推动我国西部现代城市林业和园林建设的发展。

江泽慧

二〇一二年五月

前　言
PREFACE

改善生态环境、建设宜居城市，是成都市委、市政府贯彻党的十七大会议精神和《中共中央　国务院关于加快林业发展的决定》，实施可持续发展战略，建设社会主义新农村，构建生态文明社会的重大决策，也是成都建设"经济中心、文化名城、休闲之都"的重要战略举措。

多年来，成都市林业和园林建设取得了显著成就，森林资源稳步增长，人居环境显著改善，林业产业粗具规模，生态旅游蓬勃发展。截至2008年，全市森林覆盖率为36.80%，"四旁"绿化面积达4.93万公顷，建成区绿地率35.41%，绿化覆盖率38.22%，人均公园绿地11.00平方米，林业总产值达150亿元，乡村林业从业人员达400余万人，先后被评为"国家园林城市""国家森林城市""中国最佳旅游城市"和"全国文明城市"。

为了巩固已有的建设成果，进一步加快林业园林发展步伐，推进成都生态文明建设，配合成都市"全国统筹城乡综合配套改革试验区"的建设，2006年，成都市林业和园林管理局委托中国林业科学研究院编制本规划，为此成立了规划工作领导小组，并由中国林业科学研究院、成都市风景园林规划设计院、北京林业大学、四川省林业科学研究院、成都市林业科学研究所等单位的专家组成规划工作技术小组。

规划编制专家组收集了成都市近十年来林业发展、环境变化、社会经济发展等相关资料以及20世纪70年代至2006年四个时期的卫片资料，实地考察成都主要街区园林建设和山区林业发展的情况，深入分析了成都市与绿化相关的主要生态经济问题、绿化现状与潜力，提出成都市城市林业发展的指导思想、建设原则、总体布局、发展目标、重点建设工程，于2007年年底形成初稿交由成都市林业和园林管理局征求成都市相关部门的意见，分别在成都和北京召开了四次协调和研讨会，就成都市将建设的具体工程进行研究。规划编制专家组在充分吸纳各部门的意见后,形成了《成都市城乡国土绿化发展总体规划》(以下简称《总体规划》)评审初稿。随后,成都市林业和园林管理局以此稿的内容向社会发布了林业园林建设的规划宏伟蓝图,并以此稿为依据开展了林业和园林建设。由于"5·12"汶川特大地震的影响,为了有力地推进成都林业和园林建设,规划编制专家组经与成都市林业和园林局商议,针对"5·12"地震对成都市造成影响的实际,在规划文本原有基础上增加了防灾避险和地震损毁地生态恢复重建的内容。

本规划主要依据《中共中央 国务院关于加快林业发展的决定》《四川生态省建设规划》《成都市城市总体规划》《成都市生态环境保护纲要》《成都市土地利用总体规划》编制。规划基期为 2007 年,规划期为2008~2020 年,旨在重点明确成都城市林业发展的指导思想、建设原则、总体布局、发展目标、重点工程。

在《总体规划》编制过程中,得到了成都市林业和园林管理局以及相关部门的大力支持,各部门为《总体规划》能顺利编制完成提供了大量资料和许多好的建议,在此表示衷心感谢。本书即是在此《总体规划》基础上进一步完善、升华而形成的。由于水平有限,规划文本难免有错误之处,希望社会各界不吝赐教。

著 者

二○一二年五月

目 录
CONTENTS

序　言

前　言

第一章　成都市绿化发展背景分析 ··（1）

一、城市绿化在城市和谐发展中的作用 ·······················（1）

（一）改善城市生态环境 ···（1）

（二）益于市民身心健康 ···（2）

（三）促进城市经济发展 ···（2）

（四）提高社会生态文明 ···（3）

二、国内外城市绿化发展分析 ··（3）

（一）国外城市绿化发展的启示 ····································（3）

（二）我国城市绿化建设的趋势 ····································（6）

三、成都市自然经济社会状况 ··（8）

（一）自然状况 ···（8）

（二）经济概况 ···（10）

（三）社会发展 ···（10）

第二章　成都市与绿化发展相关的主要生态经济社会问题 ··········（11）

一、生态环境问题 ···（11）

（一）城区污染问题 ··（11）

（二）城郊环境形势 ··（13）

（三）山区水土流失 ··（15）

（四）湿地系统功能 ··（16）

（五）市域生态系统破碎程度 ·····································（16）

二、城乡经济发展问题 ···（17）
　　（一）城市反哺农村中的问题 ·····················（17）
　　（二）林业产业发展中的社会经济问题 ·········（18）
三、生态文明社会建设问题 ····································（19）
　　（一）城乡居民健康 ·································（19）
　　（二）环境保护意识 ·································（19）
　　（三）生态示范区和绿色家园建设 ···············（19）
　　（四）生态文化 ·····································（20）

第三章　成都市绿化现状与潜力 ······························（21）
一、发展现状 ···（21）
　　（一）森林资源稳步增长 ···························（21）
　　（二）人居环境显著改善 ···························（21）
　　（三）林业产业粗具规模 ···························（21）
　　（四）重点工程成效显著 ···························（22）
　　（五）生态旅游蓬勃发展 ···························（23）
　　（六）从业人员逐年增加 ···························（23）
二、存在问题分析 ···（23）
　　（一）资源数量与质量有待于进一步提高 ·········（23）
　　（二）森林生态网络有待于进一步完善 ···········（24）
　　（三）城市绿量有待于进一步增加 ···············（24）
　　（四）乡村人居林建设有待于进一步提升 ·········（24）
　　（五）资源管理的现代化水平有待于进一步强化 ···（25）
　　（六）城乡绿化体制、机制的融合需要进一步深化 ···（25）
三、必要性 ···（25）
　　（一）促进经济社会可持续发展的客观要求 ·······（25）
　　（二）保障区域生态安全的必然选择 ·············（26）
　　（三）建设生态城市的核心内容 ···················（26）
　　（四）弘扬巴蜀生态文化的重要载体 ·············（26）
　　（五）满足社会多样化需求的重要途径 ···········（27）
　　（六）实现城乡统筹协调发展的时代要求 ·········（27）
四、发展潜力 ···（27）

（一）优越的自然条件提供了广阔空间 …………………………（27）

（二）雄厚的经济实力提供了坚实后盾 …………………………（28）

（三）繁荣的生态旅游带来了无限契机 …………………………（28）

（四）深厚的历史文化丰富了建设内涵 …………………………（28）

（五）社会的积极参与注入了勃勃生机 …………………………（28）

（六）政府的高度重视提供了有力保障 …………………………（29）

（七）城市的快速发展创造了大好机遇 …………………………（29）

五、限制因素……………………………………………………………（29）

（一）生态建设用地紧张 …………………………………………（30）

（二）公共财政投入不足 …………………………………………（30）

（三）科技支撑能力不强 …………………………………………（30）

（四）生态补偿机制尚未建立 ……………………………………（30）

第四章　发展理念、指导思想与建设目标………………………………（32）

一、发展理念……………………………………………………………（32）

二、指导思想……………………………………………………………（33）

三、建设原则……………………………………………………………（33）

（一）坚持生态优先，加快产业富民 ……………………………（33）

（二）坚持城乡统筹，强化分区施策 ……………………………（34）

（三）坚持因地制宜，突出本土特色 ……………………………（34）

（四）坚持科技兴绿，加强依法护绿 ……………………………（34）

（五）坚持政府主导，引导社会参与 ……………………………（35）

四、发展指标……………………………………………………………（35）

（一）指标体系 ……………………………………………………（35）

（二）核心指标 ……………………………………………………（36）

五、建设目标……………………………………………………………（38）

第五章　规划依据和总体布局…………………………………………（40）

一、规划依据……………………………………………………………（40）

二、布局原则……………………………………………………………（41）

（一）服务城市发展，体现以人为本 ……………………………（41）

（二）立足整个市域，兼顾周边地区 ……………………………（41）

（三）林水相依规划，构建生态网络 …………………………（41）

（四）遵循因地制宜，突出本土特色 …………………………（41）

（五）发挥比较优势，推动产业发展 …………………………（42）

（六）传承历史文化，建设生态文明 …………………………（42）

三、总体结构布局…………………………………………………（42）

（一）布局依据 …………………………………………………（42）

（二）布局框架 …………………………………………………（42）

四、总体空间布局…………………………………………………（44）

（一）布局依据 …………………………………………………（44）

（二）布局框架 …………………………………………………（46）

五、分区建设布局…………………………………………………（49）

（一）山丘区 ……………………………………………………（49）

（二）平原区 ……………………………………………………（51）

（三）城　区 ……………………………………………………（51）

第六章　重点建设工程规划………………………………………（54）

一、城区绿化建设工程……………………………………………（54）

（一）建设目标 …………………………………………………（54）

（二）建设范围 …………………………………………………（54）

（三）建设内容 …………………………………………………（54）

二、城乡绿色健康生态走廊建设工程……………………………（59）

（一）建设目标 …………………………………………………（59）

（二）建设范围 …………………………………………………（60）

（三）建设内容 …………………………………………………（60）

三、山丘森林保育工程……………………………………………（61）

（一）建设目标 …………………………………………………（61）

（二）建设范围 …………………………………………………（61）

（三）建设内容 …………………………………………………（61）

四、湿地与野生动植物保育工程…………………………………（62）

（一）建设目标 …………………………………………………（62）

（二）建设范围 …………………………………………………（63）

（三）建设内容 …………………………………………………（63）

五、生态旅游工程 ································· （64）
　　（一）建设目标 ····························· （64）
　　（二）建设内容 ····························· （65）
六、新农村绿色家园建设工程 ····················· （67）
　　（一）建设目标 ····························· （67）
　　（二）建设内容 ····························· （67）
七、林业产业原料林基地建设工程 ················· （68）
　　（一）建设目标 ····························· （68）
　　（二）建设内容 ····························· （69）
八、林木花卉种苗建设工程 ······················· （71）
　　（一）建设目标 ····························· （71）
　　（二）建设内容 ····························· （72）
九、林业产业加工与流通工程 ····················· （74）
　　（一）建设目标 ····························· （74）
　　（二）建设内容 ····························· （74）
十、生态文化建设工程 ··························· （76）
　　（一）建设目标 ····························· （76）
　　（二）建设内容 ····························· （76）

第七章　基础设施和科技支撑平台建设 ············· （78）
一、资源监测与信息化管理 ······················· （78）
二、森林火灾防控能力建设 ······················· （79）
三、病虫害防控能力建设 ························· （79）
四、科技支撑平台建设 ··························· （79）

第八章　近期、中期建设工程投资估算与远期效益分析 ······ （80）
一、投资估算 ································· （80）
　　（一）投资估算 ····························· （80）
　　（二）资金筹措 ····························· （80）
二、效益分析 ································· （90）
　　（一）生态效益 ····························· （90）
　　（二）经济效益 ····························· （92）

（三）社会效益 ……………………………………………………（92）

第九章　保障措施………………………………………………………（93）
　一、政策法规保障………………………………………………………（93）
　　（一）修订完善城乡国土绿化的有关法规、办法 …………（93）
　　（二）进一步加大城乡绿化的执法力度 …………………………（93）
　　（三）加强绿化普法宣传教育 ……………………………………（93）
　　（四）推动城乡国土绿化的社会化 ………………………………（94）
　　（五）加强城乡绿化的生态用地保护 …………………………（94）
　二、财政资金保障 ……………………………………………………（95）
　　（一）建立公共财政为主的多渠道投入体系 ……………………（95）
　　（二）调减林业税费 ………………………………………………（95）
　三、科技与人才保障…………………………………………………（95）
　　（一）强化科技创新体系 …………………………………………（95）
　　（二）提升科技服务和推广能力 ………………………………（96）
　四、组织保障…………………………………………………………（97）
　　（一）落实地方政府行政首长任期城乡国土绿化发展目标
　　　　　责任制 ……………………………………………………（97）
　　（二）强化政府林业和园林公共服务和监管体系建设 ………（97）
　　（三）建立健全城乡国土绿化社会服务体系 …………………（98）

参考文献………………………………………………………………（99）

附　件………………………………………………………………（101）

附　图………………………………………………………………（103）

内容简介………………………………………………………………（124）

第一章 成都市绿化发展背景分析

一、城市绿化在城市和谐发展中的作用

近年来，我国城镇化进程明显加快。2008 年，我国共设 282 个地级市和 374 个县级市，设镇 20500 个，城镇人口数量增加到 6.0667 亿，城镇化率达 45.70%，比 2000 年的 36.09% 和 1995 的 26.23% 分别提高了 9.61 和 19.47 个百分点。城镇化的快速发展也带来了严重的环境污染问题，如何解决这些问题是当前的一项艰巨任务。植物在改善和美化环境中具有重要作用，是统筹人与自然和谐发展的关键，在改善城市生态环境中的作用尤为重要，它与人的身心健康、生命安全紧密相关。

（一）改善城市生态环境

城市绿地具有多种生态功能，主要表现在以下方面：

改善小气候，缓解热岛效应。大面积的绿地还能有效地冷却空气和促进空气流动，改善城市小气候状况可有效地缓解热岛效应和温室效应。

减轻空气污染。绿色植物能稀释、分解、吸收和固定大气中的有毒有害物质，再通过光合作用形成有机物质，化害为利或者把有害物质固定在植物体内。据分析，当植物处于 SO_2 污染区时，其 S 量可为正常含量的 5~10 倍。

固碳放氧。研究资料表明，地球上 60% 以上的 O_2 来自陆地上的植物，1 公顷公园绿地每天能吸收 900 公斤的 CO_2 并生产 600 公斤的 O_2，因此，城市森林对平衡大气中的 CO_2 和 O_2 具有重要作用。

减弱噪音。在城市环境中，噪声污染不容忽视，它会严重影响居民的身心健康。许多研究表明，密集和较宽的林带（19~30 米）结合松软的土壤表面可降低噪音 50% 以上，如能合理设计，即使仅 6 米宽的林带

对降低噪音污染仍有一定效果。

杀菌除尘。 城市中一切裸露的土地加以绿化后，不仅可以改善地上的环境卫生，而且也能改善地下的土壤卫生。森林释放的负离子，对人体呼吸和血液循环是十分有益的，能起到有效降尘、灭菌的作用，并能调节人体的生理机能。

减轻土壤重金属污染。 重金属是城市土壤的主要污染源之一，目前国内外的相关研究均表明，利用树木、森林对城市地域范围内的受污染土地、水体进行修复是最为有效的土壤清污手段，建设污染隔离带与已污染土壤片林，不仅可以减轻污染源对城市周边环境的污染，也可以使土壤污染物通过植物的富集作用而使其生产与生态功能得以恢复。

（二）益于市民身心健康

城市是人口最为集中的地方，城市绿化建设与城市居民的身心健康、生命安全紧密相关，完善的城市绿化可发挥巨大的社会效益。城市绿化的多少、生态环境的好坏不仅关系着人们的生活质量，也影响人类生命的质量。良好的绿化可以使人赏心悦目、心旷神怡、增进健康、益寿延年，对个人、社会都有极大的利益。研究表明，长期生活在城市环境中的人，在森林自然保护区生活1周后，其神经系统、呼吸系统、心血管系统功能都有明显的改善作用，机体非特异免疫能力有所提高，抗病能力增强。

城市绿化对人的心理健康会产生积极的影响。绿色视觉环境对人的心理产生多种效应，带来许多积极的影响，使人产生满足感、安逸感、活力感和舒适感。据测定，人在林区比在城市每分钟脉搏可减少跳动4~8次，皮肤温度降低1~2℃。在人的视野中，绿色达25%时，就能消除眼睛和心理的疲劳，使人的精神和心理最舒适。植物的特殊气味具有消除疲劳和心理不安的作用，这种"绿色效应"不完全是心理上的感觉，还与植物所发出的清香气息对调节人体内的激素分泌有关。

此外，配置合理的城区绿地，在意外灾害（如火灾、地震等）出现的紧急情况下，还可为市民提供临时的避灾场所。

（三）促进城市经济发展

城市绿化具有多种类型，能为社会提供丰富的产品，特别是花卉和苗木已经成为许多城市周边地区的支柱产业。同时，随着城市化进程的加速和居民生活水平的提高，人们渴望回归到自然中旅游观光、休闲健身、亲近自然,这种绿色消费已开始成为时尚,能为社会创造可观的经济效益。更为重要的是,城市绿化已成为城市品牌和城市品位的重要象征,对提高城市综合竞争力和优化投资环境具有重要作用,并带动旅游、房地产等相关产业的发展,为城市的发展带来巨大的经济效益。

我国经济的发展,环境问题的突现,使人们更加关注发展中的环境代价。城市绿化带来的间接经济效益比直接经济效益大得多,能显著提高城市绿色 GDP。据测算,美国城市中,1 亿棵成年树每年可节省 300 亿度电,相当于节省 20 亿美元的能源消耗;成都市城区公共绿地每年可以滞尘 44.3 万吨,吸收 CO_2 112.5 万吨,释放 O_2 109.1 万吨,吸收 SO_2 1220 吨,降温 11789 亿千卡(1 千卡 =4.18 千焦),所产生的经济效益相当可观。

(四)提高社会生态文明

生态文明最重要的标志就是人和自然的协调与和谐,使人们在优美的生态环境中工作和生活。生态文明是在生态良好、社会经济发达、物质生产丰厚的基础上所实现的人类文明的高级形态,是与社会法律规范和道德规范相协调、与传统美德相承接的良好的社会人文环境与行为方式。

植物种类繁多,形态、色彩、风韵、芳香变化创造出赏心悦目、千姿百态的艺术境界,在体现着自然节律的同时,为城市带来生命的气息,也为人们提供走进自然、亲近自然的场所。人们在森林中体验自然,感悟自然,陶冶了情操,也提高了生态意识。

因此,城市绿化建设要按照以人为本的发展观、不侵害后代人的生存发展权的道德观、人与自然和谐相处的价值观为指导,弘扬绿色文化,改善生态环境,实现山川秀美,推进我国物质文明和精神文明建设,促使人们在思想观念、思维方式、科学教育、审美意识、人文关怀诸方面产生新的变化,逐步从生产方式、消费方式、生活方式等各方面构建生态文明的社会形态。

二、国内外城市绿化发展分析

(一)国外城市绿化发展的启示

城市是社会发展的必然产物。目前,60 多亿的世界人口有一半生活在城市。城市化的发展一方面给社会带来了巨大进步,另一方面也产生了许多生态环境问题，这些环境问题的根本解决都与生态建设密切相关。从当前国外城市绿化建设现状看，虽然各个国家的国情不尽相同，城市绿化发展水平各异，但在实践中有许多成功的经验值得我们借鉴。

1. 绿化发展规划的制定是生态建设的关键

为了改善城市生态环境、满足市民户外游憩的迫切需要，许多国家的大中城市都结合城市规划制定了相应的城市绿化发展规划。规划的制定一方面保证了城市绿化成为城市建设的重要内容，同时规划的稳定性也确保了城市绿化建设的持续健康发展。例如，德国的科隆市，100 多年来始终把绿地作为城市的骨架，一直在进行城市规划和建设；苏联于 20 世纪 60~70 年代就完成了经营城市林和市郊林的规划体系，目前仅莫斯科就有 11 个天然林区，84 个公园、720 个街道公园、100 个街心公园，这些森林和绿地总面积占市区面积的 40%。

2. 城市绿化已成为城市基础设施的重要组成部分

现代城市发展趋势表明，城市基础设施建设不仅仅是传统意义上交通、住房等灰色空间的扩展，还应该包括以绿地、水为主体的绿色空间、蓝色空间建设。国外城市绿化的快速发展，得益于其对城市绿化的科学定位，即把城市绿化作为城市基础设施重要组成部分，进行统一规划建设。如美国、德国、英国等国家，许多城市在经济支出预算中，每年按国民生产总值一定的比例投入到城市绿化的建设中，以达到改善城市生态环境的目的。

3. 近自然林模式是绿化建设的主导方向

城市绿化建设的根本任务就是要改善城市生态环境和满足人们贴近自然的需求，因此，近自然林的营造和管理是城市绿化建设的方向。目前，美国、英国等许多国家的城市绿化建设都体现了近自然林的理念。日本学者宫协昭提出利用乡土树种，模仿天然森林群落营造近自然林，称为"宫协昭造林法"，被广泛接受。韩国在进行公园设计时，根据不同城市不同群体居民的需求，在公园中营造生态区，即采用近自然的手法，进行营造和管理，有闹中取静的效果。同时，许多国家注重河岸植被的保护，水岸绿化贴近自然。

4. 法律法规的制定和实施是绿化建设成功的保证

在许多国家，除了以法律形式保证规划的实施外，还通过法律形式对城市绿地进行保护。英国是城市绿化实行法制最早的国家，1938年就颁布了绿带法。该法规定：在伦敦市周围保留宽13~24公里的绿带，在此范围内不准建工厂和住宅。日本1962年制定保护树木法，1973年公布城市绿地保护法，规定工厂、医院、学校中的绿地应占总面积的20%~30%。新加坡要求所有的广场都要有30%~40%的绿地；新修建的道路必须要有4米宽的隔离带、2米宽的侧方绿化带；次级的道路也要有1.5米宽的侧方绿化带。

5. 群众或社团组织积极参与是绿化建设的动力

在许多发达国家中，市民保护生态环境的意识很强，对城市绿化建设给予极大关注，特别是群众组织和积极分子发挥了重要作用。美国1986年有5900个支持发展城市林业的团体；洛杉矶市的1名城市林业积极分子，发起建立"树木之人"组织，负责当地的植树和树木管护工作，1984年为了支持召开奥林匹克运动会，植树100万株。英国提出"伦敦森林"计划，目的是发动伦敦居民参与植树，提高伦敦人对首都树木的责任感与感情，鼓励社会参与投资来种植及养护首都的树木。

6. 经济投入是城市绿化建设的保障

许多国家十分重视对城市绿化建设的投入，通过立法使城市绿化建设的投入常规化。美国在20世纪70年代，制定了法律，正式将城市林业隶属于农业部林务局管理，并完善了法律内容，解决市民植树技术和资金方面的困难。据统计，美国1977~1981年的城市绿化建设投资占国民生产总产值的0.06%~0.12%，每年约20亿美元，1990年美国农业部建立了基金专户，以保证城市林业计划的顺利实施，还成立了全国性的城市和社团林业改进委员会，拨专款促进城市林业计划的实施。日本1972~1983年的城市绿化建设投资占国民生产总值的0.03%~0.08%。法国1980年的绿化建设投资已达30亿法郎，占国民生产总值的0.11%。

7. 城郊森林对控制城市的无序扩张发挥了重要作用

城市化的快速发展对城市建设用地产生了前所未有的巨大需求，一方面单个城市的规模不断扩大，城市周边的土地被大量地转化为城市建设用地，另一方面卫星城的不断出现也加剧了城市地区的用地矛盾。国外许多城市的周围都保留有大片的城郊森林，对控制城市的无序发展，促进现代城市空间扩张由传统的摊大饼式向组团式方向发展，发挥了限制、切割等重要作用。在伦敦市周围保留的 13~24 公里宽绿带，有效地控制了建筑用地的无限扩张，对于形成伦敦沿河呈条带状串珠式的城市发展格局奠定了基础。

（二）我国城市绿化建设的趋势

随着我国城市绿化建设的发展，群众和政府的重视及受国外先进建设技术和思想的影响，我国城市绿化建设已步入快速发展的轨道。综观我国当前城市状况，城市绿化建设呈现如下趋势：

1. 推进环境可持续发展是绿化建设的重要目标

随着我国林业发展从传统的木材生产向为社会持续提供生态服务转变，城市森林作为城市有生命的重要基础设施，其提供生态环境和社会服务的重要性和功能已得到社会和群众的广泛认同，"城市林业发展战略"已被确立为中国可持续发展林业战略的重要组成部分。城市园林绿化也倡导生态园林的建设理念。在城市绿化建设过程中，通过城市森林和绿地的科学布局与经营管理，为城市发展提供良好的生态环境，促进城市所在区域经济社会和环境的可持续发展。

2. 以人为本的发展观是绿化建设的主题

城市绿化建设的宗旨是以人为本，改善城市环境，为居民提供舒适健康的生产生活环境。城市绿化建设注重提高生态功能的同时，越来越重视满足城市居民的游憩、娱乐、身心健康等需求，在城区片林、城乡结合部绿带、郊区森林公园、风景名胜区等建设中，从宏观布局、植物选择、植物配置、管理方式等各个环节充分体现环境、美学、文化等多种服务功能。

3. 城市森林与城市园林融合是绿化建设的需求

城市园林和城市森林虽然发展背景和建设范围不同，但服务于城市发展和改善人居环境的主体目标是一致的，随着我国城市化进程的加速和公众对绿化建设的重视，两者呈现融合发展的趋势。城市森林与城市园林在建设理念上已开始取长补短，相互借鉴，走"园林森林化、森林景观化"的发展道路。同时,城市园林一直非常注重视觉效果和文化功能，受城市森林建设理念的影响，开始强化生态功能，注重绿地生态系统的结构与生态功能；而城市森林在注重生态功能发挥的基础上，也日益注重景观配置，文化的积淀，进行生态风景林改造。在机构管理上，一些城市化进程快、经济发达的北京、上海、青岛、成都等城市，将林业和园林管理部门合并，实行统一管理，使城乡绿化统筹协调发展。

4. 经济发展和政府重视是绿化建设的主要动力

随着城市经济的发展和市民生活水平的提高，对生活环境的要求也越来越高，政府对城市绿化建设的积极性也越高。从我国城市绿化建设看，经济发达地区的城市绿化建设正蓬勃发展，方兴未艾，城市绿化品位也日益提高，城市都有相应的城市绿地系统规划，部分城市还单独编制了城市森林规划。如北京、上海、广州、郑州、深圳、扬州、珠海等城市，不仅有绿地系统规划，还制定了以建立城市森林体系为中心内容的城市森林规划，把城市绿化作为改善人居环境的一项重大工程进行规划和实施。

5. 群众积极参与是绿化发展的重要活力

随着城市居民生活水平的提高，人们更加注重城市的居住环境，城市绿地的生态、社会功能也进一步被人们所加深认识和理解，人们对城市绿化的需求也变得更为渴望。城市居民意识到自己不仅仅是城市绿化的受益者，同时也是城市绿化的建设者。因此，近几年来，群众及一些社会组织都更加自觉和积极地投入到城市绿化的建设，参加全民义务植树、种草、种花，爱护绿色保护绿色，积极参与社区绿化的经营和管理。

6. 林水结合是绿化建设的核心理念

森林是"城市之肺"，而河流、湖泊等各类湿地是"城市之肾"，城市区域内的森林、绿地和水体对城市生态环境有着重要影响，是城市生态环境建设中两个非常主要的环节，两者不可分割。林水结合，符合中国人多地少、城市周围以农田为主及城市森林有限的市情；林网组成类型多样，功能效益完备；有效改善环境，促进生物多样性保护。因此，在城市生态环境建设中，"林网化—水网化"的建设理念逐渐被人们所广泛接受，成为我国城市绿化建设核心理念。

7. 城乡统筹布局是绿化建设的方向

建成区向郊区发展的城市林业建设模式将成为主流。随着城市化进程的加速，城市居民亲近自然、回归自然的心理需求日益增强，以人工为主的城市绿地难以满足改善城市整体环境质量的需求，城市绿化的发展将打破以往在城市建成区范围内的建设思路，根据城市生态环境建设的需求，模拟和再现自然山林环境，并从大环境森林生态系统的整体性、协调性和区域性来考虑，融城市绿地和城市郊区、卫星城镇自然林地或绿地于一体，在整个城市行政管辖范围内全面构筑完善的城市绿地生态系统。

8. 个性化发展是绿化建设的追求

森林是人类文明的摇篮，森林的盛衰与人类文明的进程息息相关。我国自然条件各异，城市类型多样，许多城市历史悠久，文化内涵丰富。在城市绿化建设过程中，各地非常注重建设具有地带性群落特征的城市植物，并与城市的历史文化、森林文化、民风民俗特色相结合，与城市居民审美观和自然观相协调，建设个性化的城市绿化。

9. 高新技术的应用是绿化发展的重要支撑

城市绿化的建设是一项系统的工程，许多高新技术已在城市绿化建设中得到有效的利用。运用"3S"和计算机技术对城市绿化规划设计，对城市森林资源管理和监测，对火灾、火险及病虫害预测预报；运用生物技术工程进行城市适宜绿化材料的定向选育等。高新技术的应用，为城市绿化的发展提供了重要支撑。

三、成都市自然经济社会状况

（一）自然状况

1. 地理位置

成都市地处四川省中部,四川盆地西部。位于东经 102°54′~104°53′,北纬 30°05′~31°26′ 之间，全市东西长 192 公里，南北宽 166 公里，总面积 12390 平方公里。东北与德阳市、东南与资阳地区毗邻，南面与眉山地区相连，西南与雅安地区、西北与阿坝藏族羌族自治州接壤。

2. 气候条件

成都市年平均气温在 16.4℃ 左右，≥10℃ 的年平均活动积温为 4700~5300℃,全年无霜期多于 337 天,冬季最冷月（1月）平均气温为 5℃ 左右,0℃以下天气很少。冬春雨少,夏秋多雨,雨量充沛,年平均降水量为 1124.6 毫米,降水的年际变化不大。

3. 地　貌

成都市地势差异显著，西北高，东南低，西部属于四川盆地边缘地区，以深丘和山地为主，海拔主要在 1000~3000 米之间，最高海拔为 5364 米，相对高差多在 1000 米左右；东部属于四川盆地盆底平原，是成都平原的腹心地带，主要由第四纪冲积平原、台地和部分低山丘陵组成，地势平坦，最低海拔 387 米，平均海拔一般在 750 米左右。成都市东、西两个部分之间高差悬殊达 4977 米，西部山地气温、水温、地温大大低于东部平原，山地上下之间呈现出明显的不同热量差异的垂直气候带。

4. 土壤类型

成都市土壤区域分别属于"四川盆地的丘陵紫色区域"中的"盆西地区"和"盆周山地黄壤区域"中的"盆周西北地区"两个二级区划。土壤类型按分布面积依次为水稻土、紫色土、黄壤、暗棕壤、黄棕壤、棕色针叶林木、亚高山草甸土、黄褐土、冲积土、潮土等。

5. 水资源

成都市降水丰沛，年均水资源总量为 304.72 亿立方米，其中地下水 31.58 亿立方米，过境水 184.17 亿立方米。成都水资源河网密度大，有岷江、沱江等 12 条干流及几十条支流，河流纵横，沟渠交错，河网密度高达 1.22 公里/平方公里。成都地处长江流域上游，河水主要由大气降水、地下潜流和融雪组成，在流入成都平原之前，河道主要在高山峡谷之间，受人为污染极小，水质优良，绝大部分指标都符合国家地面水Ⅱ级标准的要求。

6. 植被类型

成都市植被类型垂直地带性突出。700 米以下为农田植被及"四旁"竹、木植被带；海拔 700~1000 米为农田与林地（包括果林）交错带；1000~1650 米为人工与次生常绿、落叶混交林带；1650~2250 米为人工与次生常绿、落叶阔叶混交林混合带，有箭竹、杜鹃杂生其间；3200~4200 米为原始亚高山灌丛草甸草地；4200 米以上为高山荒溪带的冰川积雪带，仅有少量蛰伏植物和地衣、苔藓等植物。

7. 野生动植物资源

成都市各类生物资源有 209 科 764 属 3000 多种。高等植物有 175 科 655 属 2682 种，占全省高等植物科、属、种的比例分别为 76%、55% 和 74%，其中受到国家重点保护的珍稀植物有珙桐、银杏、连香树、红豆杉等 46 种，占全国保护植物种类的 13%。陆生脊椎动物 436 种，约占全省种数的 50%，其中有国家一级重点保护动物大熊猫、金丝猴、羚牛、绿尾虹雉等 11 种；国家二级重点保护动物小熊猫、猕猴、黑熊、水鹿、红腹角雉等 47 种；省重点保护动物毛冠鹿、豹猫等 25 种，生物多样性极为丰富。市域近郊和远郊内的龙门山—邛崃山山脉、龙泉山山脉和市区的森林植被是其重要的载体。

（二）经济概况

2007 年，成都市实现地区生产总值 3324.4 亿元，比上年增长 15.3%。其中，第一产业实现增加值 235.5 亿元，增长 5.5%；第二产业实现增加值 1504.0 亿元，增长 18.9%；第三产业实现增加值 1584.9 亿元，增长 13.6%。一、二、三产业比例关系为 7.1：45.2：47.7。按常住人口计算，全市人均生产总值达 26527 元（按 2007 年平均汇率折算为 3634 美元）。全市财政收入 996.61 亿元，地方财政收入 716.8 亿元。

（三）社会发展

成都市辖 9 区 4 市 6 县，195 个镇，27 个乡，97 个街道办事处。

2007 年末全市户籍人口 1112.28 万人，比 2006 年末减少 0.4 万人。人口自然增长率为 -0.3‰；成都市人口资源特点：一是人口密度大，是全国城镇和人口最为密集的地区之一。平均每平方公里为 898 人，平原地区人口密度多在每平方公里 1000 人以上。二是社会劳动者人数比重大。全市劳动力资源占户籍总人口的 96.8%，其中从业人员占 63.8%。三是具有大专以上教育程度的劳动者人数比重大，据第五次人口普查资料，全市每万人中具有大专以上教育程度人数为 724 人，是第四次人口普查的 2.27 倍，可见成都市劳动力资源不仅数量众多，而且文化素质较高。

成都市历史悠久，自古以来就是西南的政治、文化、经济中心，是 1982 年国务院公布的首批国家级历史文化名城之一。成都历史文化遗产丰富，自然景观、人文景观众多，历史文化街区有大慈寺、文殊院、宽窄巷子三处，保护片区有华西医科大学近代建筑群保护区、地下文物保护区、历史文化风景区、大城少城格局保护区等多种形式。成都市域范围内共有市级以上文物保护单位 164 处，其中国家重点文物保护单位 26 处，省级文物保护单位 62 处，市级文物保护单位 76 处。

第二章　成都市与绿化发展相关的主要生态经济社会问题

一、生态环境问题

（一）城区污染问题

1. 大气污染

据 2006~2008 年成都市大气环境质量监测表明，在各类固定源、流动源、面源和敞开源的共同作用下，各主要污染物质在中心城区浓度高。2008 年可吸入颗粒物浓度均值在城东南、城东、城西、城西北相对较高，城中心、城北相对较低；SO_2 浓度均值在城西北、城北相对较高，城中心相对较低；NO_2 浓度均值在城北相对较高，城东相对较低。

2008 年城区环境空气中主要污染物为 SO_2、NO_2、可吸入颗粒物、自然尘降，首要污染物为可吸入颗粒物。全年空气质量以良为主，空气污染指数（API）范围 24~182，优良率（API 指数 ≤100 的天数）为 87.2%。除可吸入颗粒物超过国家二级标准外，其他指标均达到国家环境空气质量 II 级标准。总体上，2008 年成都市环境空气质量较往年有所改善，维持近年来呈逐年好转的总趋势（图 2-1）。成都市大气污染的主要来源是工业和居民燃煤、机动车尾气排放、扬尘。此外成都平原地处四川盆地底部，空气流通不畅也是造成大气污

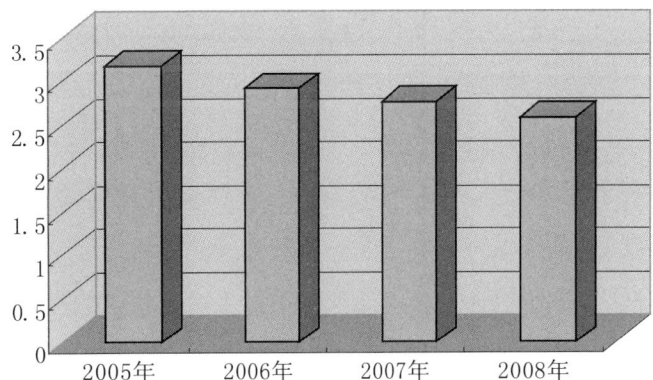

图 2-1　城区空气综合污染指数年际变化

染的原因之一。

2006~2008 年期间，年降水 pH 均值范围为 5.14（2006 年）~5.88（2007 年），酸雨 pH 均值范围为 4.16（2006 年）~5.09（2007 年），酸雨频率范围为 3.5%（2008 年）~8.4%（2007 年），主要集中在 7~8 月份。

2. 水污染

2004~2008 年期间，成都市地表水出入境断面水质监测表明（图 2-2、图 2-3）：①岷江入境断面都江堰水文站近 5 年期间水质以 Ⅱ 类为主，水质优良；岷江（内江）出境断面黄龙溪近 5 年期间水质较差，水质状况多为重度污染；岷江（外江）出境断面岳店子近 5 年期间水质以 Ⅳ 类为主。②沱江入境断面 201 医院近 5 年期间水质以 Ⅲ 类为主，出境断面五凤近 5 年期间水质以 Ⅲ 类为主。

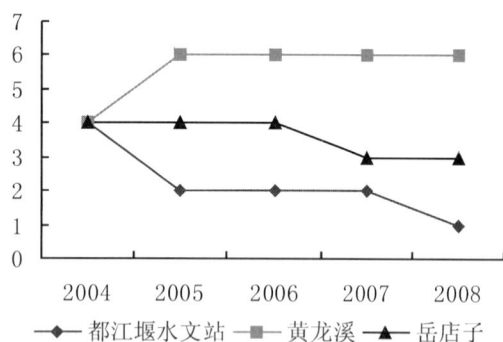

图 2-2　岷江水系各监测断面水质变化　　图 2-3　沱江水系各监测断面水质变化

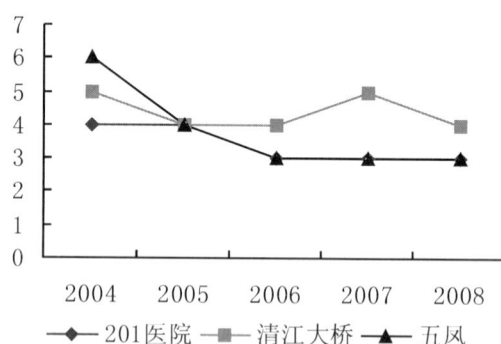

成都市地表水污染主要是中心城区的大量生活污水进入水体，县域大量畜禽养殖废水和工业废水的排放造成的。

3. 噪声污染

"十五"期间，成都市城区主要污染——道路交通噪声在空间分布上呈较明显的区域性（图 2-4），主要污染区域（路段）为北、东北、西北、西，其排序为北 > 东北 > 西北 > 西；5 年中，其后 3 年全城区最高值均出现在昭觉寺横路；南、西南和东南区域交通声环境质量相对较好。6 个主要郊区（市）县交通噪声和施工噪声总体呈下降趋势，生活噪声无显著变化，工业噪声在后期有所上升，其他噪声有所下降。

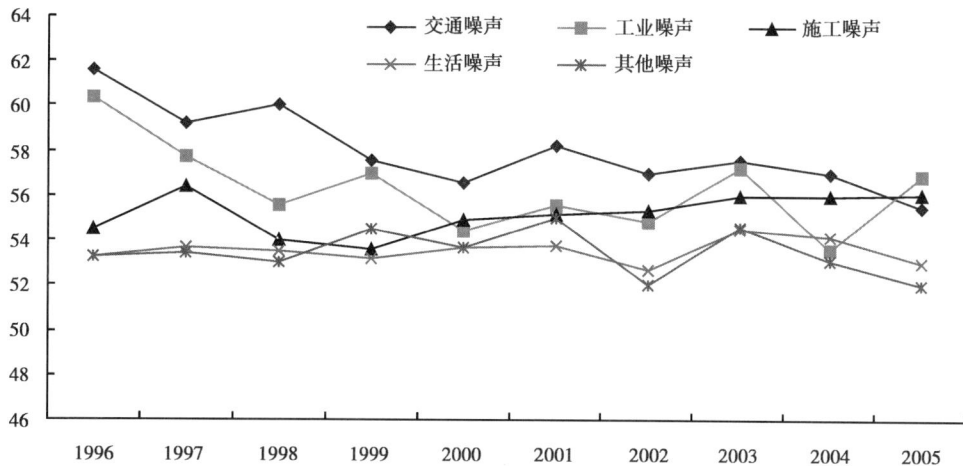

图 2-4　1996~2005 年区域环境各声源噪声年际变化情况

4. 城市热岛效应

成都市热量总体分布格局为东、南多，西、北少。由北偏西方向向东偏南方向热量逐渐增多。东南与西北的分界线大致以东北的桂林村开始，向西南方向经秀水村、蔡家丝房、万福桥至西南边的金花村，分界线之南为东南片、之北为西北片。从面积上看，东南片与西北片分别占外环内总面积的 47% 和 53%；从区域热值总量上看，东南与西北分别占外环路内总量的 49% 和 51%。从面积与热值总量可以看出，东南片较小区域内多分布了 2% 的热量值，体现在分布格局上就是东南片热量分布以块状为主，而西北则以条带或零星点状分布为主。

成都地形地貌因素决定了热岛分布格局的特性。西北方向主要是岷山尾部邛崃山脉，海拔高度多在 2800 米以上，而东边龙泉山，虽为成都平原与盆中丘陵区的分水岭，但海拔低。夏季冷空气下沉，热空气上升的气流活动十分强烈，从而造成了城市西北向东南热量逐渐增多的分布格局，同时成都工矿企业的分布也是一个重要原因。

（二）城郊环境形势

1. 土壤污染

随着城市化、工业化和农业集约化程度的提高，成都市土壤污染分布点有加速向城市外围扩展趋势。成都市土壤环境质量总体上良好，95% 以上面积达到国家土壤环境质量标准，但局部地区存在不同程度的重金属污染，尤其是汞元素，局部地段已达重度污染程度。成都市城乡结合部"菜篮子"基地土壤监测结果表明，土壤中重金属砷、铅、铬、铜、锌均能达到国家土壤环境二级标准要求，汞、镉在大部分监测区域超过标准限值。

此外，化肥、农药和农膜的过量使用，造成了土壤质量下降。"十五"期间成都农用化肥使用量基本稳定，但单位耕地施用量逐年增加；农药施用量年均在 6000 吨以上；农膜施用量逐年增加。

2. 生态用地

生态用地概念可概括为在区域环境内，通过维持或改善自身生态环境质量，进而能对主体生态系统良性发育及稳定性、高生产力及其可持续性起到支撑和保育作用，最终达到增加整个区域生态系统生产力的土地。根据中国科学院遥感应用研究所的 6 类土地利用现状分类系统，生态用地应该包括其中的林地、草地、未利用土地等 3 类，对于南方水网密集地区而言，作为湿地水体的生态作用巨大，因此生态用地还应该包括水体在内。根据 1985 年、1995 年、2000 年和 2006 年的遥感数据解译结果（表 2-1），2006 年，成都市生态用地面积共 372724 公顷，占全市国土面积的 31.09％，其中具有直接生态意义的生态用地主要是林地，面积占全市国土面积的 24.71％，与 1985 年相比，面积降低了 1.44 个百分点。从 1985~2006 年 4 个时段来看，生态用地的面积一直在 30.60％~31.72％之间，面积相对稳定，这对于成都市的生态维持功不可没，在今后城市发展过程中保持现有生态用地稳定并积极拓展新的生态建设空间，对于保障成都全面协调和可持续发展非常重要。

表 2-1　成都市土地利用与土地覆盖变化（1985~2006 年）

		耕地	建设用地	生态用地				
				水体	林地	草地	未利用土地	合计
1985	面积（公顷）	726054	97116	18234	315261	48834	44	382373
	%	60.23	8.06	1.51	26.15	4.05	0.004	31.72
1995	面积（公顷）	720405	116229	17942	302791	48095	44	368873
	%	59.76	9.64	1.49	25.12	3.99	0.004	30.60
2000	面积（公顷）	710513	120216	18182	300429	56128	44	374783
	%	58.94	9.97	1.51	24.92	4.66	0.004	31.09
2006	面积（公顷）	709425	121987	20631	297927	55427	129	374114
	%	58.85	10.12	1.71	24.71	4.60	0.010	31.03

3. 矿产开发

成都市矿产资源储量丰富，现已探明的矿产资源有 8 类 40 多种，大小矿产地（包括矿点和矿化点）400 余处。现有矿山企业共 250 家，环评执行率仅为 8.4%，"三同时"制度的执行率仅为 5.6%，废水处理率仅为 32.8%。现有的矿山企业在生产中引起的区域生态环境问题主要表现在：①采矿活动使矿区土地面貌变得千疮百孔、支离破碎，采矿废弃地的景观碎裂化，生态系统稳定性被破坏，影响景观的环境服务功能。②矿产开发给周边环境带来空气、土壤和水体污染，对植物生长不利。③成都市矿产资源主要是非金属矿和天然建材，而它们的开发利用以露天开采为主，大量破坏了地表土层和植被，产生的废石、废渣等松散物质极易促使矿山地区水土流失。

4. 固体垃圾

（1）城郊工业固体垃圾。成都市工业固体垃圾主要由冶炼废渣、粉煤灰、煤矸石、炉渣、尾矿和其他废物组成。"十五"期间成都市郊区工业固体垃圾的产生量在逐年提高，其综合利用率均在 92% 以上。工业固体垃圾的处理率逐年提高，储存和排放量呈逐渐下降趋势，储存和排放率低于 5%。

（2）农村生活垃圾情况。成都市农村人口居住比较分散，而应有的环保设施目前没能涵盖至郊外及农村地区。郊区垃圾收集系统设施建设落后，生活垃圾没有统一堆放和处置场所，路边和河沿成为堆放垃圾的主要场所，导致环境严重污染，影响居民生活质量，也破坏了城市形象，成为农村面源污染主要来源之一。

（三）山区水土流失

成都市有近一半的土地面积存在着程度不同的水土流失。成都市轻度以上水力侵蚀面积约 2533.74 平方公里，占全市总面积的 20.4%；中度以上水力侵蚀面积约 1933.6 平方公里，占全市总面积的 15.6%。目前山区还有 26 万多亩坡耕地，每年流失的泥土 330 万 ~550 万吨。

1998 年以来，通过退耕还林还草、天然林保护、水土保持等工程性措施，成都市水土流失面积逐步减少。据统计，2000~2005 年，全市平均每年治理水土流失面积 90 平方公里左右；至 2008 年年底，全市累计完成退耕还林面积为 65927 公顷。

2008 年发生的"5·12"汶川特大地震,使成都市的都江堰、彭州、崇州、大邑等四县市的森林植被和林业生产受到极大破坏,全市共计受损林地3.18 万公顷,珍稀保护动植物的栖息地受到不同程度的影响和损失,林业的基础毁坏严重。使 4 个市(县)的森林植被覆盖率下降,以水土流失为主的次生灾害严重,威胁着灾区人民的生命财产安全。

(四)湿地系统功能

成都的湿地类型主要包括两种:一是以河流为主的流动湿地生态系统,主要是以岷江、沱江等 12 条干流和都江堰灌区形成的支流湿地生态系统;二是以水库、堰塘为主的人工湿地。

目前成都湿地存在的主要问题有:一是经济的持续快速增长对湿地保护压力增大,工业废水和农村面源污染使流经成都的大部分河段都受到不同程度的污染;二是水资源需求的迅猛扩张与水资源供给的有限性之间的矛盾逐渐突出;三是成都的湿地资源保护和开发力度不够。

(五)市域生态系统破碎程度

从成都市域各类用地景观指数统计表(表 2-2)可看出,农村建设用地破碎度最高,其次是水体和草地,耕地破碎度最低。从景观多样性来看,林地的景观多样性最高,其次是耕地和农村建设用地。

表 2-2　成都市域各类用地景观指数统计

	草地	林地	耕地	水体	城市建设用地	农村建设用地
景观分维数	1.362	1.372	1.391	1.381	1.470	1.162
景观多样性指数	0.142	0.345	0.312	0.069	0.132	0.167
景观密度指数	0.109	0.225	0.130	0.090	0.081	0.825
斑块形状指数	1.413	1.334	2.396	1.399	1.468	1.374
景观要素密度指数	2.363	0.911	0.221	5.240	1.937	13.871

对成都市中心城区各类绿地分布格局分析表明(表 2-3),成都市六区中,高新区斑块密度指数最大,说明该区绿地景观较破碎,尤其防护绿地斑块密度最大,为 16.41,说明该区防护林分布很分散和破碎,没有一定规模和面积,因此防护效果不佳。其次是成华区和锦江区,平均斑块密度达 2.99 和 2.472,且两区的附属绿地斑块密度偏高,分别达 13.68 和 8.20,说明组成两区的各类绿地景观破碎度较高,尤其是附属绿地的破碎度最高,相应绿化质量较低。青羊、金牛和武侯三区绿地景观斑

块密度基本相同，相对其他三区景观破碎度较低。

表 2-3 成都市中心城区各类绿地景观斑块密度指数表

	锦江区	青羊区	金牛区	武侯区	成华区	高新区	平均
公园绿地	2.264	0.998	0.197	3.306	1.175	2.295	1.71
生产绿地	0.559	—	0.112	0.351	0.037	0.207	0.25
防护绿地	1.337	1.225	0.298	0.152	—	16.405	3.88
附属绿地	8.197	5.499	8.168	4.759	13.678	4.097	7.40
其他绿地	0.005	—	—	—	0.054	—	0.03
平均	2.472	1.544	1.755	1.714	2.988	4.601	

二、城乡经济发展问题

（一）城市反哺农村中的问题

针对城乡关系失衡、矛盾较为突出的现实，成都市委、市政府在西部地区率先全面启动统筹城乡经济发展战略。2006 年以来，成都市把发展林业产业作为城乡统筹发展、促进农民增收致富、增强基层组织经济实力的重要举措，切实加强领导，加大工作力度，推进了林业产业的快速发展，促进了社会主义新农村建设和城乡统筹发展。

一是结合退耕还林、天然林资源保护等工程实施，到 2008 年年底，国家累计投入资金达 9.44 亿元，完成退耕还林 3.07 万公顷，配套荒山造林和封山育林 3.52 万公顷，天保工程造林 0.86 万公顷，封山育林 3.18 万公顷。常年管护 38.16 万公顷，使 70 余万农民得到实惠，农村的产业结构得到进一步调整。

二是领导高度重视，资金投入得到一定保障。2007 年，市长亲自调研成都明确提出市林业产业发展和生态建设要求。当年市级财政安排林业产业建设资金达 1500 万元，要求企业也相应投入 1/3 的种苗费，保证了农民种树的积极性。计划建设林业产业基地 3.33 万公顷。2007 年，成都市委、市政府将"新增 0.53 万公顷丰产速生林建设项目"正式列入惠民行动。

目前存在的问题包括：政府过度介入的现象有所存在，没充分尊重群众的意愿；体制变革仍滞后，特别是林权制度改革相对滞后，一部分种树群众的利益没有得到根本保障；农村社会事业和社会保障发展缓慢，部分全部退耕农户还没有纳入社会保障体系；农民素质整体较低，林业先进实用技术的推广和普及尤为缓慢；以林为主的农林合作经济组织建立较少。

（二）林业产业发展中的社会经济问题

近年来，成都市注重发挥成都区位优势和资源优势，坚持两业并举的发展方针，在确保林业生态效益发挥的同时，大力发展林业产业。通过培育林业龙头企业，走以农户联基地，基地联龙头，龙头联市场的林业产业发展路子，促进了森林资源向森林资本的转变，初步形成了涵盖范围较广、产业链较长、产品种类较多的林业产业体系。

通过2008年6月的中期检查，全市2007年度已实施的林业产业基地建设，符合市级标准。全市林业产业发展对推动区域经济发展和群众的脱贫致富起到了积极作用。目前存在的问题包括：

一是木材供给远远不能满足生产生活需求。急需按照可比利益优势和市场需求，调整土地利用结构，充分发挥科技优势，逐步解决短周期工业用材林基地的建设问题和土地产出的问题。

二是加工企业中知名品牌企业少，一般性的加工企业多，资源的利用率低，环境污染仍然较为突出。成都市域范围内，除了升达、国栋、青田家私等少数名牌企业外，大多数家具加工企业处于分散状态，成都市木材综合利用率仅60%，与发达国家85%以上的利用率相比有较大差距。同时由于原料供应紧张，像国栋、升达等这样的大企业都处于半生产、半停产状况。以纸浆生产为主的企业对水体和空气的污染仍然没有得到很好的解决。

三是森林旅游业的基础设施建设缓慢，难以满足城市居民和外来旅游急剧增长的需求，精品农家乐的数量少，低层次重复的农家乐数量多。花卉业的发展更多的是在扩大规模上的低层次竞争。设施林业和花卉业相对较少，市场的竞争力较小。以森林蔬菜为主的林下资源开发还处在起步阶段。

四是林权制度改革相对滞后，人工商品林采伐制度还有待进一步开放。这两项制度建设的相对滞后，极大地破坏了农民发展商品林的积极性。同时随着社会主义市场经济体制的不断完善，国有林业企业一整套以木材生产为中心的资源管理体制和经营体制，已严重滞后于林业产业发展的需要。林业产业发展的信贷政策和森林抵押、保险制度还有待进一步落实和深化。

五是创业协会"挂靠""政府主导"的体制还比较突出，林业创业协会作用还没有充分发挥出来。应培育更多的民办非企业组织，引导其更好地发挥参与地区林业产业发展的作用。

三、生态文明社会建设问题

（一）城乡居民健康

城市森林和绿地为城市人群提供了休闲游憩和保健疗养场所，现青城山、龙门山以及天台山等地已成为成都老年人的休闲疗养之地。但就成都总体需求而言，主要存在以下问题：一是森林公园、湿地公园、城市公园的总量仍然不足，且分布不均，难以满足成都城市人口急剧增长的需求；二是各城市公园之间、城市公园与野外森林之间缺乏健康廊道的连接，使各类公园处于孤立状态，城市公园、湿地公园、森林公园的各类功能不能得到充分发挥，同时城市森林绿化带没有健康步道，不利于城市人群休闲时的方便出行；三是城市公园和绿化带在原来设计时更多的是考虑了景观效果，绿化植物选择与配置过程中保健效益方面考虑得较少。

（二）环境保护意识

城市绿化建设不仅有助于改善城市人居环境，满足人们休闲游憩需求，而且是人们接触自然的主要场所，人们在享受和参与城市绿化建设过程中，爱绿、护绿的环境保护意识也得到了增强，促进了"绿色成都"的绿色文明建设。成都市在绿地认养、营造各类纪念林等全民义务植树方面取得了可喜成绩。但从建设生态文明社会的要求来看，目前存在的问题包括：全民义务植树形式较为单一，需要进一步丰富，在可供土地资源较为紧张的情况下，认养、认建活动还需要进一步加强，真正做到全民参与；各类纪念林的建设形式和机制还需要进一步创新。

（三）生态示范区和绿色家园建设

近年来，成都市坚持统筹城乡发展，以规范化服务型政府和基层民主政治建设为保障的城乡统筹、"四位一体"科学发展总体战略部署，推动了城乡经济社会发展，促进了城乡同发展共繁荣。围绕社会主义新农村建设目标，成都市开展了村庄环境综合整治，改善农民居住环境；加强农村饮用水源地保护、农村生活污水及垃圾处理、畜禽养殖及乡村工业污染治理，建设有机食品生产基地；创建一批环境优美乡镇、生态村、生态示范区。

在生态示范区和绿色家园建设中应注意：一是如何结合社会主义新农村建设，把生态保护和经济发展协调起来作好规划；二是川西林盘具有独特的自然风貌，在全国也是独一无二的自然景观，是四川农家乐的发源地，在绿色家园建设过程中应加强保护和建设；三是在生态示范区建设过程中切实加强环境保护和生态建设的力度。

（四）生态文化

三四千年前的成都平原水网密布、森林茂密、植被丰郁、一片沼泽。经古蜀人排水泄洪，把平原泽地整理出来，从而发展为定居都邑和文明诞生地。如锦如绣的锦江文明就是在这条生命线上，沿都江堰至锦江一线发展起来的。从唐代后期高骈改道府河，直到1949年以前，成都城市格局发展为"二江抱城"，城市绿化具有"锦城花阁"的特点，使成都成为一座绿树和花丛环绕的城市。传统园林同成都平原上片片常绿阔叶林、市井河滨争奇斗艳的花木、田野民居宅旁的林盘一起，形成了成都独特的园林绿化风貌。

在林业和园林绿化建设中要继承和发扬这些具有丰富生态文化内涵的建设模式和经验。目前主要问题表现为：成都市绿化发展过程中为了增加绿量，文化内涵的成分在逐渐淡化。外来树种的应用逐步增加，而乡土树种应用相对减少，没有彰显出成都与当地气候、土壤以及人文相结合的内涵，具有与其他城市相类似的特点。以纪念名人而建的纪念林、纪念公园越来越少。古树名木的保护有待进一步加强，以传承成都悠久的历史。

第三章 成都市绿化现状与潜力

一、发展现状

（一）森林资源稳步增长

多年来成都市实施城乡一体化和可持续发展战略，全民义务植树活动深入开展，退耕还林、天然林资源保护和野生动植物自然保护区建设取得成效，建立了有效的森林管护体系。"十五"期间，成都全市累计完成成片林造林 6.38 万公顷；"四旁"植树 5946 万株。全市森林覆盖率从"九五"期末的 31.5% 提高到现在的 36.8%；全市活立木材蓄积量由"九五"末期的 2230 万立方米增加到"十五"末期的 2480 万立方米，其中，人工林蓄积量 650 万立方米。目前全市共有林业用地 43.23 万公顷，2007年被评为国家森林城市，生态建设步入"治理大于破坏"阶段。

（二）人居环境显著改善

2006 年全市新增园林绿地 179.5 公顷，新增公共绿地 29.8 公顷。全市建成区绿地率 35.89%，绿化覆盖率 36.97%，人均公园绿地 10.81 平方米，均较"九五"和"十五"有很大的提高（表 3-1）。2006 年被评为国家园林城市。

就农村生态环境建设来看，"十五"期间共完成"四旁"植树 5946 万株，是计划数 4000 万株的 150%；极大地改善了当地的生态质量，为城乡居民的生产、生活提供了优越的背景条件。

（三）林业产业粗具规模

成都市初步形成了涵盖范围较广、产业链较长、产品种类较多的林业产业体系。据最新统计，全市建立各类林业产业生产基地 19.2 万公顷，其中：竹材基地 3.07 万公顷、笋用竹基地 0.73 万公顷、人工商品林基地

表 3-1　成都市主城区近几年城市绿地指标完成情况表

项　目	2000 年	2001 年	2002 年	2003 年
建成区面积（平方公里）	167.02	172.04	196.25	382.5
城市人口（万人）	198.02	252.24	258.91	351
绿地面积（公顷）	3675.15	3800.25	4824.46	11624.55
公园绿地面积（公顷）	767.32	806.27	1350	2570.42
绿地率（%）	22.00	22.09	24.58	30.39
绿化覆盖率（%）	27.59	26.50	28.45	32.90
人均公园绿地面积（平方米）	3.87	3.20	5.21	7.32

项　目	2004 年	2005 年	2006 年	2007 年	2008 年
建成区面积（平方公里）	386.02	395.49	396.94	408.66	427.65
城市人口（万人）	376.30	416.59	383.09	386.28	404.64
绿地面积（公顷）	12750.96	13390.16	13588	14326	15135.16
公园绿地面积（公顷）	3443.21	3840.73	4065	4331	4544.22
绿地率（%）	33.03	33.65	34.23	35.06	35.39
绿化覆盖率（%）	36.08	36.46	38.02	38.03	38.58
人均公园绿地面积（平方米）	9.15	9.22	10.61	10.64	11.23

10 万公顷、茶叶基地 1.07 万公顷、蚕桑基地 1.33 万公顷、木本药材基地 1.19 万公顷，涉及山丘区农户 70 多万人；花卉苗木基地 1.19 万公顷；涉林企业 3551 家，涉林加工企业人员 30 多万人，其中林业龙头企业 108 家，产值过 5000 万元以上的市级重点龙头企业 18 家。以森林公园、风景名胜区、自然保护区、农家乐为代表的旅游业蓬勃发展，年产值达 415.18 亿元。

（四）重点工程成效显著

全市退耕还林工程涉及 14 个区（市）县、152 个乡（镇）、1321 个村、16.72 万户，近 70 万林农。"十五"期间，全市共计投入 43623.8 万元，完成退耕还林 3.03 万公顷，配套荒山造林 2.96 万公顷，封山育林 0.17 万公顷。

天然林资源保护工程实施过程中，"十五"期间国家共计投入 9982 万元，全市 14 个区（市）县共实施人工造林 0.38 万公顷，封山育林 3.18 万公顷，点播造林 0.04 万公顷，每年实施森林管护 38.16 万公顷。

野生动植物及自然保护区建设步伐在"十五"期间加快，野生动植物保护的有效性加强。龙溪 — 虹口、白水河国家级和鞍子河、黑水河省级自然保护区管理机构健全，责任落实，巡护监测到位，在上级主管部门的大力支持下，基础设施得到较大的改善，基本适应了保护和管理的需要，野生动物的栖息地得到保护、恢复和扩大。

（五）生态旅游蓬勃发展

成都地形地貌复杂多样，山景、水景俱全。著名的旅游景点除了青城山、都江堰等之外，尚有名传中外的大熊猫繁殖基地等现代生态旅游科普基地等。锦江区的"花乡农居"、郫县的"万亩观光果园"、都江堰市的"青城红阳猕猴桃、青城绿茶基地"等已经进入了全国首批农业旅游示范点，并已成为了成都旅游的特色品牌。仅山区 8 个森林公园的生态旅游，年收入就达 7000 万元。截至 2008 年年底，成都市拥有全国农业旅游示范点 6 个，特色旅游镇 6 个，旅游特色村 11 个，乡村酒店 7 家，农家乐 7000 余家（证照齐全 3090 家），其中星级农家乐 516 家，以农业观光休闲为主题的国家级旅游景区 3 个；2008 年仅农家乐接待游客达 4525.5 万人次，实现旅游接待收入超 17 亿元，直接从业人员达 3.6 万人，带动相关就业人员 50 余万人，税收达 5153.67 万元。森林旅游业的蓬勃发展，不仅增强了成都市的经济实力，也为广大林农致富奔小康、大力发展农村经济开拓了新的途径。

（六）从业人员逐年增加

成都市林业和园林绿化建设的蓬勃发展，带动了生态旅游业和林产业的快速发展，为农村剩余劳动力提供了大量的就业机会，乡村从业人员逐年增加，到 2006 年上升为 403.84 万人，从业人员比率到 2006 年上升为 75.92%。

生态旅游的蓬勃发展，也增加大量就业机会，并增加当地居民收入。如都江堰市（主要景区青城山、龙池）自 20 世纪 90 年代中期以来，全市每年接待中外游客均在 400 万人次以上，旅游综合收入达 10 多亿元，有导游人员 102 人，景区讲解员 540 人，带动旅游从业人员 8.9 万人。

二、存在问题分析

（一）资源数量与质量有待于进一步提高

截至 2007 年年底，全市共有林业用地 433333.33 公顷，其中有林地 341867.8 公顷，疏林地 4644.8 公顷，灌木林地 65530 公顷，未成林造林地 13773.8 公顷,苗圃 942 公顷,森林覆盖率 36.15％。从林分蓄积量来看,目前全市平均只有 86.3 立方米／公顷,比全国水平的 84.73 立方米高 1.6 个百分点,与其所处地带的气候潜力与资源潜力还有很大差距。从林龄结构上来看,目前森林大多为中幼林和灌木林,成熟林比例偏低,影响了森林生态效益的发挥。从城区环境来看,2008 的人均公园绿地面积 11.15 平方米,绿化覆盖率与绿地率分别为 38.22％和 35.41％,与社会需求相比,城市公园类型、数量需要进一步增加,绿地建设质量和管护水平有待进一步提高。

（二）森林生态网络有待于进一步完善

根据"点、线、面"相结合的中国森林生态网络系统理论的内涵,结合成都的实际情况来看,成都市城市"点"和山区"面"的林业建设成就巨大,而"线"上的工作以及三者的有机结合上还有待加强。整个城市建成区及平原区缺乏大型的核心块状林地,其环境改善、服务居民的作用发挥度有限。主干道路和城市道路绿化建设成效显著,而广大县乡一级道路,却表现出断档空档多、贯通性低等问题。水网建设目前也主要集中于城市及其周边地区的主要河流水系上,而对于距城较远的干、支流水系、水库等所做工作较少,林水结合度依然不足,可提升的空间还很大。因此,今后成都市的林业建设在"点"和"线"上还应该进一步加强,尤其要注意农村道路的绿化问题,以及"点、线、面"的结合,以尽早形成完善、高效的森林生态网络。

（三）城市绿量有待于进一步增加

绿量在一定程度上能反映绿地生态功能,能较准确地反映植物构成的合理性和生态效益水平。成都市一直以来非常重视城市绿地建设,城市绿化取得了显著的成效。绿地覆盖率和人均公共绿地面积显著增加。但是在绿化建设过程中,只注重视觉效果,绿地空间利用率不够,垂直绿化被忽视,总体绿量不足,管护成本过高等问题突出,城市新建人工植被的层次性、生物多样性和稳定性均较差,已影响到城市绿地生态效能的充分发挥。因此,成都城市绿地建设有待于进一步增加绿量和优化结构,以充分利用城市宝贵的土地资源,发挥绿地生态功能。

（四）乡村人居林建设有待于进一步提升

成都市农村长期以来都有自发种植庭院林的习惯,形成了以"林盘"

为典型代表的庭院林体系，为现代乡村人居林建设打下了良好的基础。目前的突出问题是，由于过去政府对农村生态环境治理和规划重视不足，人居林建设缺乏科学的引导和统一的规划，四旁植树随意性比较大，一些古树缺少保护，居民缺少公共休憩绿地。因此，成都市各级政府应加强乡村人居林建设的引导，加大投入，把人居林纳入到社会主义新农村环境建设中，进行科学规划，加快乡村人居林建设。

（五）资源管理的现代化水平有待于进一步强化

现代林业与园林是充分利用现代科学技术和手段，全社会广泛参与保护和培育绿色生态资源，高效发挥森林和城市园林的多种功能和价值，以满足人类日益增长的生态、经济和社会需求。随着现代信息科技的发展，现代设施、现代装备在林业与园林建设中的作用越来越突出。从目前成都市的林业与园林发展现状来看，资源管理面临的压力很大。一是城市植被的防火与病虫害防治压力；二是随着林权制度改革的不断深化，林业的现代化管理也面临着前所未有的压力。电子商务、电子政务、3S 技术支撑下的资源监测、防火等基础性现代化手段，与北京、广州等城市相比，目前都还有一定的差距。

（六）城乡绿化体制、机制的融合需要进一步深化

林业与园林所面对的对象都是植被，其服务的目标都是改善生态环境，只是在服务区域上有所差别，因此形成了历史传统上的二元隔离格局，一个主管城市建成区以内的生态环境建设，一个主抓城市建成区以外的区域性大的生态环境建设。随着世界性的城市化浪潮的兴起与不断发展，"园林森林化、森林景观化"的呼声越来越高。国内已先后有上海、北京等城市完成了林业局与园林局的合并事宜。成都市是在省会一级城市上最早实现两者合并的城市之一，但长期形成的管理习惯、运行机制与管理体制等，要在体制、机制、发展理念等方面形成统一协调的整体，需要有一个进一步融合的过程。

三、必要性

（一）促进经济社会可持续发展的客观要求

可持续发展的关键是环境的可持续发展，而以森林和城市园林为主体的生态系统的健康发展是城市环境可持续发展的核心。发达的林业既是成都实现经济、社会可持续发展的客观要求，也是成都实现现代化的必要条件，而现代化的城市园林建设，对于美化生活、提高居民健康水平、促进人与自然和谐发展也具有非常重要的意义。目前，成都市与林业和园林绿化建设相关的生态环境问题比较突出，森林和绿地资源总量和质量尚不能全面满足公众的多种需求，经营管理水平和科技含量都亟待提高。为适应成都城市化的高速发展，必须加快城市森林与绿地系统的可持续建设，这也是四川省实施可持续发展战略、区域协调发展战略、争创环境新优势的具体行动，更是成都全面、系统地提升生态建设水平的重要途径。

（二）保障区域生态安全的必然选择

重视城市林业建设，走生态化城市道路已经成为世界大都市发展的历史潮流和普遍趋势。目前，长江上游生态系统功能退化严重、结构脆弱，水污染和大气污染十分突出，工业污染防治任重道远，农村面临污染日渐突出。成都市西北部的林区是沱江源头及境内岷江水系支流的发源地，总面积约1200平方公里，气温寒冷潮湿，多风雪，少日照，多暴雨，山洪冲刷极为严重，80%以上的森林分布于陡坡地带，是重要的高山水源涵养区，对岷、沱两江的水源涵养，有着重要的作用。作为长江上游的重要生态屏障之一，成都在建设平原生态系统，加强水土保持，减少环境污染等方面意义重大。

（三）建设生态城市的核心内容

森林资源的数量和质量是衡量一个国家或地区生态环境好坏的重要指标，也是建设生态城市的核心内容。根据成都市环保局评估报告，"十五"期间，成都城区可吸入颗粒物和SO_2浓度均未达到国家空气质量二级标准，与"九五"期间相比，城区酸雨频率有所增加，SO_2、NO_2浓度有所上升，地表水污染区域有扩大的趋势，这与实现生态城市目标是不相符的。根据国家环保局现行生态城市标准：建成区绿化覆盖率要大于50%，人均公共绿地面积要大于20平方米/人。2008年成都市这两项指标分别为38.58%、11.15平方米/人，离生态城市的标准还有一定的差距。

（四）弘扬巴蜀生态文化的重要载体

森林是人类文明的摇篮，发达的林业是城市经济繁荣、生态文明、社会进步的重要标志。成都是国务院首批公布的全国24个历史文化名城之一，是巴蜀文化的中心。巴蜀文化博大精深，内涵丰富，具有独特的生态环境和人文环境，是世界级的独一无二的旅游文化资源。其中，青城山—都江堰为世界自然文化双遗产，三星堆和金沙遗址的青铜文明世界瞩目，大熊猫旅游品牌名甲天下。除此之外，成都市尚有172处人文景观，这些景观类型多、规模大、分布广、价值高。这些文化底蕴深厚、特色明显的旅游资源，既为成都旅游经济的发展提供了得天独厚的优越条件，也进一步丰富了成都林业和园林发展的内涵。

（五）满足社会多样化需求的重要途径

随着成都城市化进程的加快以及人口数量的迅速增加，改善城市环境，保障生态安全，满足人们休闲、旅游等活动需要成为林业和园林发展的中心任务。同时，林业对社会经济发展也起着十分重要的作用，已经成为增加农民收入的重要途径。成都市创建"三新三最"的西部特大中心城市以及2006年成都市被评为"国家园林城市"、2007年被评为"国家森林城市"，这都对成都林业和园林绿化的发展提出了更高的要求。

（六）实现城乡统筹协调发展的时代要求

进入21世纪，党中央提出了"建设社会主义新农村"的宏伟目标，作为最早提出"推进城乡一体化"发展战略的城市，成都市也被国家列入了"统筹城乡发展综合改革试验区"。从目前的生态环境现状看，城市存在着水、大气、土壤等污染问题，而农村地区除了农药、化肥等面源污染外，生态环境总体状况远较城市为好。因此，从区域的角度来看，城市环境问题的解决除了技术进步的因素外，将在很大程度上有赖于乡村生态效益的补偿来完成。城乡统筹除了要求城乡之间的经济与社会发展的统筹协调之外，生态环境建设的一体化也是非常重要的一个方面，只有这样才能够实现工业反哺农业、农村生态环境支持城市发展的新局面。

四、发展潜力

（一）优越的自然条件提供了广阔空间

成都市优越的地理气候等自然环境，为森林的动植物生长创造了良好的外部条件，同时也为城市森林的发展奠定了良好的基础。一是成都位于川西北高原向四川盆地过渡的交接地带，地形东西高低悬殊，热量随海拔高度急增而锐减，出现东暖西凉两种气候类型并存的格局，有利于各种特性不同的动植物生长；二是冬暖、春早、无霜期长，四季分明，热量丰富；三是冬春雨少，夏秋多雨，雨量充沛；四是光、热、水基本同季，气候资源的组合合理，有利于生物繁衍。

（二）雄厚的经济实力提供了坚实后盾

2007年全市实现地区生产总值3324.41亿元，比上年增长15.3%。强大的经济发展实力，为公用事业的高强度投入奠定了良好的基础。仅"十五"期间，全市主城区财政、企业投入园林绿化的建设资金就有155亿元，养护费12.6亿元；市级以上累计无偿投入林业建设资金约5.36亿元，是"十五"计划投入资金数的185.27%。随着城市化进程的快速发展，公众对改善城市人居环境的呼声越来越高，社会对城市绿化的需求日趋多样化，城市林业和园林绿化建设投入有了更可靠的保障。

（三）繁荣的生态旅游带来了无限契机

生态旅游是旅游业的一个重要组成部分。随着城市化进程的加快，到大自然、大森林中去度假、旅游的需求，比以往任何时候都高。根据对成都城市居民的休闲方式选择倾向及特征研究结果来看，在节假日市民的休闲方式选择上，旅游度假类占54.85%，社会活动类占10.55%，看电视等娱乐活动占8.86%。而在长假期间，居民50%以上的有出游倾向。随着成都市旅游市场的蓬勃发展，森林旅游、观光休闲等新兴产业在旅游市场中所占比例越来越高，并已经成为林业与园林发展的一个新的经济增长点，对带动区域经济的繁荣与社会进步发挥着日益重要的作用。

（四）深厚的历史文化丰富了建设内涵

成都历史悠久，自古商贾云集，是一个内外交融的大都会。汉代是全国的五大都会之一，唐宋时期是第二大都会。成都的风景名胜众多，有世界自然与文化遗产的旅游风景区1个，国家级风景名胜区2个，国家森林公园4个，文物保护单位108处。深厚的历史文化底蕴，既是过去包括森林文化与园林文化在内的历史文化的重要载体，也是新的历史时期实现"生态文明"的有力工具，既拓展了成都市林业与园林的丰富内涵，推动了城市旅游业的发展，也为新时期"生态文化""森林文化"和"园林文化"的进一步发展，提供了有利延拓平台。

（五）社会的积极参与注入了勃勃生机

随着成都市现代化建设的发展和人民生活水平的不断提高，市民对绿化美化环境、保护森林的呼声越来越高，社会各界对森林改善环境的功能的认识显著提高，参与林业和园林绿化建设的热情日益高涨。通过建立义务植树基地，开展"母亲林""毕业林""夫妻林""企业林"等义务植树活动，实施认养、认购树木与园林绿地、绿地冠名权及古树名木形象使用权的拍卖等多种形式的活动，提高广大干部群众的绿化意识。自开展全民义务植树活动以来，全市累计参加义务植树活动的人数已达 1.88 亿人次，建立了义务植树基地 1351 个，义务植树面积 6169 公顷。

（六）政府的高度重视提供了有力保障

成都市委、市政府非常重视林业和园林绿化建设，把保护生态环境和植树造林列入议事日程，长抓不懈。目前，市领导正下决心扩大绿化覆盖面积，以增强森林植被的吸污、降尘能力。为适应经济发展和环境要求，成都市政府也出台了《关于深入推进城乡一体化加快林产业发展的意见》《成都市公园管理条例》《成都市生态环境保护纲要》等一系列相关文件，提出了加快城市森林与园林发展的指导思想、基本方针和主要目标。目前，成都已经被评为"国家森林城市"和"国家园林城市"。

（七）城市的快速发展创造了大好机遇

改革开放促进了成都的飞速发展，并使其成为带动西南地区城市发展的又一个"新引擎"。目前成都正处在推进城市化的快速发展阶段，2007 年年底，成都市的城镇化率达到了 53.5%。城市的快速发展和人口的不断增加，给城市的生态环境带来了巨大的压力，客观上要求加快成都以"绿肺""蓝肾"为核心的城市森林与园林体系建设，改善城市生态环境，满足人们休闲娱乐、身心健康等多方面的需求。成都城镇空间结构一体化和网络化的发展格局，也在客观上要求科学规划和建设城镇间绿色廊道和绿色板块，促进城市不同功能区的生态建设一体化。在城市扩张的过程中，根据现代生态城市建设理念，必须预留、建设适宜的绿色生态空间。这些均为成都林业发展提供了良好的机遇。

五、限制因素

成都市的林业建设具有很大的潜力，同时也有一些限制因素。主要表现在以下几个方面。

（一）生态建设用地紧张

随着成都城市化进程加快，人口、资金等要素向成都中心城集聚的趋势不可避免，《成都市土地利用总体规划大纲》以及《成都市城市总体规划修编》确定的 2020 年城镇建设用地总量为 1026.6 平方公里。城市规模将进一步扩大。在有限的国土范围内，城镇拓展与耕地、林地保护和改善生态环境的需求之间的矛盾非常突出。成都西部地区属于成都平原水土保护区，近十年来，耕地面积大量减少，水土流失已较为严重；而整个市域范围内，后备国土资源也严重不足。如何通过产业结构调整，来保障城市生态用地进而强化城市的生态安全，构筑布局科学合理、功能完备高效的绿色生态体系，已经是一个亟待解决的重大问题。

（二）公共财政投入不足

2007 年成都市 GDP 为 3324.4 亿元，在全国 15 个副省级城市中列第 6 位。全年完成财政总收入 996.61 亿元，增长 36.0%，完成地方财政收入 716.78 亿元，增长 30.0%。财政收入占 GDP 比重为 30.0%，比上年提高 12.2 个百分点。虽然总体经济实力不够雄厚，但增长潜力巨大。长期以来，主管部门主要突出生态、产业和美化功能，强调城市森林和园林绿化的环境服务功能的意识不足，直接导致公共财政在该方面投入不足，随着城市化的快速发展以及居民健康意识的日渐加强，公共财政还需要进一步加大对林业和园林发展的投入。

（三）科技支撑能力不强

从成都市林业与园林发展的科技支撑能力和需求来看，全市在这方面的人才队伍总量不足，结构不合理，尤其是缺乏高层次、复合型人才；面向林业与园林生产建设一线的技术培训工作相对滞后；城市林业、生态公益林经营管理、生态风景林、游憩林、生物多样性保护等科技成果储备不足；科技成果推广网络不健全，对基层和林农的技术服务不够。因此，加大成都市林业与园林科技研发力度，为成都市林业和园林建设提供强有力的技术支撑也是成都现代林业与园林发展的客观要求。

（四）生态补偿机制尚未建立

森林与绿地作为有生命的自然实体，其功能与价值具有极强的外部性。在生态环境问题日益严重的今天，如何保护好现有的森林、湿地资源，如何更好地开展植绿、护绿、护蓝工作，以最大限度地改善人居环境、促进区域协调发展便显得尤为重要和急迫。加大公共财政对林业建设的投入，加快建立和完善公益林补偿制度便是其中最为核心的内容。生态补偿主要是为解决区域性生态环境保护问题而提出，其根本目的是维护、改善或恢复区域生态系统的服务功能。《中华人民共和国森林法》和党的十七大报告中明确提出了要开展生态效益补偿，但由于政策不明和公共财政等方面的原因，成都市一直未能有效开展这方面的工作，这对成都市生态公益林和湿地的深度和长期保护产生了一定的阻碍作用。

第四章 发展理念、指导思想与建设目标

一、发展理念

深入贯彻落实科学发展观，按照国家提出的建设和谐社会和生态文明的要求，在充分借鉴国内外林业和园林发展经验的基础上，结合成都城市发展定位和经济社会发展对林业和园林的多种需求，提出"绿色成都，幸福家园"的成都林业和园林发展核心理念。

"绿色成都，幸福家园"是指通过林业和园林建设，实现林业生态、林业产业和生态文化协调发展，巩固和提升园林城市、森林城市等绿色成都品牌，促进人与自然和谐，建设生态良好、环境优美、适宜人居、富裕和谐的幸福家园。其基本内涵是：①健全生态体系，构建绿色家园；②发展林业产业，打造富裕家园；③弘扬生态文化，建设人文家园。

这个理念从林业和园林建设角度，突出体现成都是一座"来了不想走，走了还想来的城市"，是绿色之都，也是幸福之城。实现"绿色成都，幸福家园"的核心理念，在建设途径上必须生态、产业、文化协调发展。

一是建设功能齐备的林业生态体系。通过培育和发展森林资源，着力建设和保护好森林生态系统、湿地生态系统，在农田生态系统、城市生态系统等发展中，充分发挥林业和园林的基础性作用，努力构建布局科学、结构合理、功能协调、效益显著的林业生态体系。建设完备的林业生态体系的主要任务是，加强生态公益林建设保障山区生态安全；加快丘岗地区湿地和森林生态建设，提高生态系统服务功能，强化林业产业基础建设；加强乡村林盘保护和整理建设，改善乡村人居环境和促进乡村旅游业发展；优化城市近郊区绿化建设，改善城市生态环境。

二是建设优质高效的林业产业体系。成都林业和园林产业要优化产

业发展方向和结构布局，实现一二三产业协调发展，全面提升林业和园林对现代化建设的经济贡献率。切实加强第一产业，全面提升第二产业，大力发展第三产业，不断培育新的增长点，积极转变增长方式，努力构建门类齐全、优质高效、竞争有序、充满活力的林业和园林产业体系。主要任务是加快发展竹木加工业，满足经济建设对森林产品的需求；发展森林和湿地旅游业，满足公众对生态旅游的需求；建设经济林与经济动物基地，满足人民对林特产品的需求；建设花卉、苗木基地，满足人民的绿化美化需求。

三是建设独特多样的生态文化体系。要做发展生态文化的先锋。成都拥有丰富的传统历史文化和生态文化，在成都林业和园林建设中要认真继承和发扬传统的优秀的生态文化，普及生态知识，宣传生态典型，增强生态意识，倡导绿色消费，繁荣生态文化。树立人与自然和谐的生态道德观，努力构建主题突出、内容丰富、贴近生活、生态文化富有感染力的生态文化体系。重点是开展生态科普教育和义务植树活动，加强生态文化载体工程建设，提高全民的生态意识和参与水平，建设人与自然和谐的生态文明社会。

二、指导思想

以科学发展观为指导，综合运用生态学、林学、园林学的理论，充分发挥成都市在物种、气候、土壤以及社会经济等方面的特色和优势，以建设"绿色成都，幸福家园"为核心理念，着力建设功能齐备的林业生态体系、发达的林业产业体系和独特的生态文化体系，实现资源增长、生态优良、产业发达、文化丰富、林农增收、适宜人居的目标，充分发挥林业与园林建设在改善城乡生态环境、增强城市综合竞争力、促进城乡经济发展等方面的重要作用，服务于成都经济社会的全面、协调和可持续发展，为成都和谐社会和生态文明建设做出重要贡献。

三、建设原则

（一）坚持生态优先，加快产业富民

按照生态优先的原则，建立和完善森林、湿地为主的生态安全体系，构筑成都社会经济可持续发展的绿色屏障。加快以用材林为主的商品林

培育，提高林产加工、种苗花卉等产业效益，以绿色休闲游憩产业发展为龙头，积极发展特色林果产业、森林旅游、农家乐等特色产业，充分发挥森林的多种效益以促进地方经济发展、增加农民收入，实现成都森林生态、经济与社会效益的协调统一。

（二）坚持城乡统筹，强化分区施策

坚持城乡统筹，尊重区域生态整体性和关联性特点，根据市域范围内城乡生态梯度、文化梯度、经济梯度的特点，按照成都市"山、水、城、田"的自然布局，统筹规划建设全市9区4市6县的森林生态系统、河流湿地生态系统、城市绿地生态系统与其他用地系统，全面建设布局合理的森林与绿地生态系统。构建"生态相宜、资源相依、环境相谐、人文相映、城乡互补"的林业和园林建设新格局，体现城乡居民平等享有生态建设和生态服务的权利。同时，还要依据不同区县生态经济的特点和建设方向，在用地结构调整、生态与经济建设战略布局的构建等方面实施相应对策。

（三）坚持因地制宜，突出本土特色

在统筹规划的前提下，结合市域范围各种立地类型特点、生态环境问题分异特点、森林与绿地功能要求，突出本土特色，以地带性植被为主体，建设以乔木为主体，多树种、多层次的森林与绿地生态系统。在现有林地改造、生态风景林建设以及营造各种防护林、隔离林带、城区绿地等方面，要倡导建设近自然林的模式，师法自然，体现亚热带常绿阔叶林景观特色，降低建设与管护成本，提高生态系统的稳定性。

（四）坚持科技兴绿，加强依法护绿

成都市林业发展和园林建设，要靠政策、靠投入、靠机制，最根本的还是要靠科学技术。城市森林和绿地的营建、管护等很多内容都是传统林业和园林绿化的盲区，需要进行技术集成和创新。既要不断吸收、引进和消化应用国内外高新技术成果，也要结合本地情况开展针对性的科技攻关，通过科技创新有效解决制约成都林业和园林发展的技术"瓶颈"，以科技进步支撑成都林业生态建设、林业产业发展和城市园林绿化水平。同时，必须增强法制观念，严格执法，完善各种政策条例，强化营造与管护并重的意识，加强和改进森林资源保护管理工作，依法巩固林业建设和园林绿化成果。

（五）坚持政府主导，引导社会参与

林业和园林建设在很大程度上是一项社会公益事业，要积极发挥政府主导作用。进一步落实林业和园林建设地方各级政府和部门负责制，生态公益林建设的资金投入坚持以政府财政为主，商品林发展要以市场为导向，通过制定相关的政策积极引导、培育林业和园林绿化投资市场，拓宽林业和园林绿化建设的投融资渠道。同时，加强宣传教育，增强全民生态意识，充分调动全社会参与林业和园林绿化建设的积极性。

四、发展指标

（一）指标体系

根据成都社会、经济、自然、资源、环境、人文方面的要求与可能，确定林业和园林发展总体控制指标，其目的主要是为区域林业与园林业制定切实可行的发展目标，为林业与园林发展总体规划的制订提供宏观控制指标，引导林业园林与其他行业协调发展。

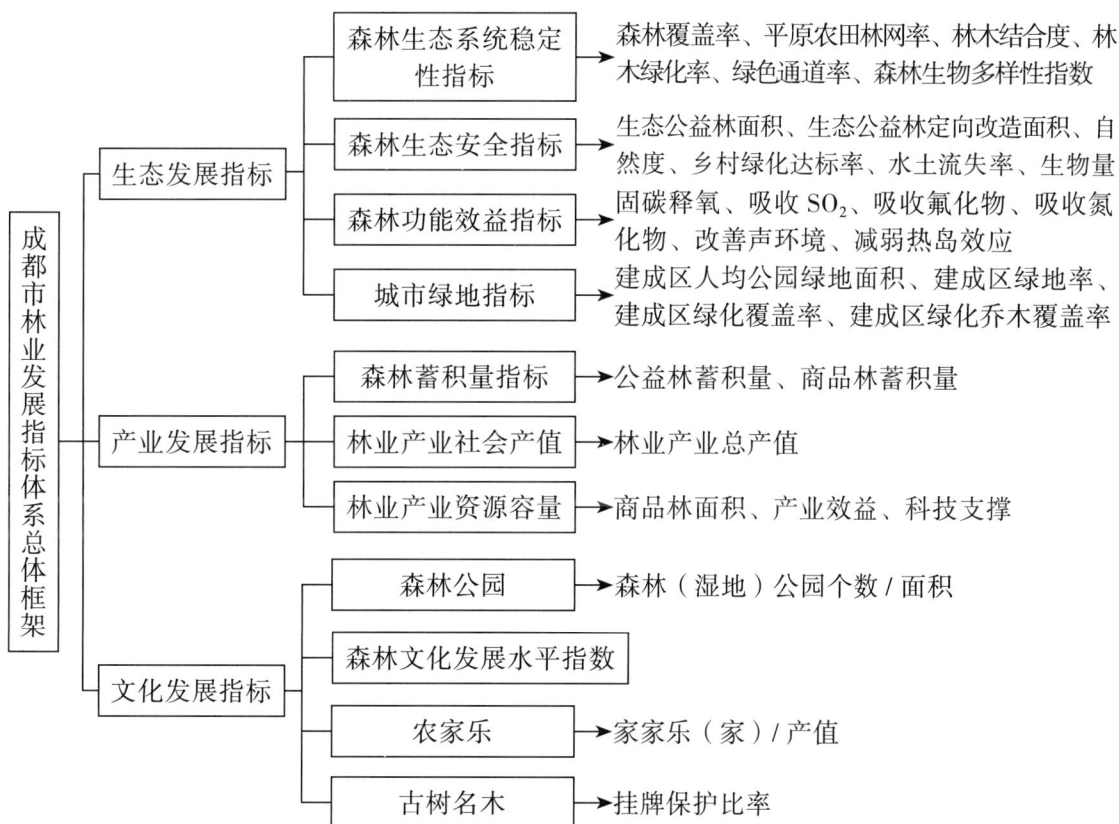

图 4-1　成都市林业与园林发展指标体系框架

以可持续发展理论、系统科学理论、景观生态学理论、生态经济学理论为指导，以系统层次性、前瞻性、科学性、可行性、综合性和针对性为原则，在深入分析成都市林业与园林发展的现状、潜力以及对成都市林业与园林发展动态分析与评价的基础上，围绕总体目标，参照国内外林业与园林建设实践与建设标准，从森林生态、林业与园林产业和生态文化三个方面综合分析与考虑，构建了成都市林业与园林发展指标体系框架（图4-1）。

（二）核心指标

在建立上述指标体系的基础上，围绕成都市林业与园林发展的总体目标，从水土资源承载力、土地利用变化、水资源开发利用、大气环境保护、水环境保护、人居环境优化、林业发展、生态安全、社会经济发展、人口变化等方面综合分析与考虑，确定了：森林覆盖率、生态公益林面积、公益林定向改造率、人均生态游憩地面积、生物量、自然保护区、林水结合度、绿色通道率、森林公园、湿地公园、建成区人均公园绿地、保护建设的乡村大中型林盘、建成区绿地率、建成区绿地乔木覆盖率、森林蓄积量、商品林面积、林业产业总产值、农家乐收入、古树名木保护率、生态文化发展水平指数等20项核心发展指标（表4-1）。

同时，参照国内外城市林业与园林建设实践与建设标准，以林业和园林"十一五"和相关行业建设规划的主要指标为基础，结合1978年、1994年、2000年和2006年四期卫星遥感数据的解译分析，对这些核心指标进行了分阶段量化。

表4-1 核心指标计算方法和指标意义

序号	指标及其计算方法	指标作用
1.	森林覆盖率 % = $\dfrac{\text{有林地面积}}{\text{土地总面积}} \times 100\%$ + $\dfrac{\text{灌木林地面积}}{\text{土地总面积}} \times 100\%$ + $\dfrac{\text{四旁树占地面积}}{\text{土地总面积}} \times 100\%$ 其中四旁树占地面积按1650株/公顷（每亩111株）计	体现森林资源保护、造林绿化建设成就
2.	生态公益林面积 = Σ 国家规定公益林林种占地面积	生态公益林面积体现成都市生态空间的大小
3.	公益林定向改造面积 = Σ 定向改造公益林种	有利于推动对低质低效林的改造，提升公益林的生态功能

（续）

序号	指标及其计算方法	指标作用
4.	人均生态游憩地面积 = 城郊生态游憩地面积 / 该功能区城市常驻人口数 　　注：生态游憩地包括城郊生态风景林、观光果园、森林公园、湿地公园等	有利于推动城市生态风景林、森林公园、湿地公园等建设，体现成都市绿业建设促进人与自然和谐，服务居民游憩需求的趋势
5.	生物量 = Σ 各乔木林种蓄积量 × 单位体积蓄积量的平均生物量	森林的生态功能的物质载体
6.	自然保护区个数 / 面积	反映生物多样性的保护范围
7.	道路绿化率 = Σ 县级以上交通线绿化长度 / 县级以上交通线里程	反映公路铁路沿线的绿化状况，体现对野生动物的保护力度和绿色屏障建设状况
8.	林水结合度 = Σ（干流两岸 + 主要水库库岸 + 主要湖泊岸边 + 主要水塘岸边）绿化面积 / Σ（干流两岸 + 主要水库库岸 + 主要湖泊岸边 + 主要水塘岸边）应有绿化面积	反映森林网络体系健康的重要指标，是城市森林网络体系重要测度之一
9.	建成区人均公园绿地面积 = Σ 建成区各类绿地面积 / 建成区常住人口	直接反映城市居民享有生态服务的相对水平
10.	建成区绿地率 = Σ 建成区各类绿地面积 / 建成区总面积	反映城市绿地占有空间的份额，体现绿地在建成区的发挥生态功能的平台大小
11.	建成区绿地乔木覆盖率 = Σ 建成区绿地乔木林冠覆盖总面积 / 建成区绿地覆盖总面积	绿地生态功能中乔木位居首位，因此反映乔木占有空间的份额，体现城市绿地系统的生态质量的高低、生态功能的强弱
12.	保护建设的乡村大中型林盘	这是新农村建设的重要指标，直接体现村民生活的生态环境状况和乡村开展绿色观光休闲产业的条件
13.	森林蓄积量 $= \sum\limits_{i=1}^{5} \sum\limits_{j=1}^{n} (M_{ij} - P_{ij}) \times (1 + R_i)$ 其中，i 是龄级组数，1~5 分别代表幼、中、近、成、过熟林，j 代表从现在起未来计算蓄积量的年数，R_i 为第 i 龄级森林的生长率，M_{ij} 为第 i 龄级森林在第 j 年的现实蓄积量，P_{ij} 为第 i 龄级森林在第 j 年的消耗量	森林蓄积量是衡量林业质量的一项重要指标，是林业产业发展的基础，同时间接反映森林生态效益的高低
14.	商品林面积 = Σ各商品林面积	反映林业产业，特别是林业一产发展的空间大小
15.	林业产业总产值	反映林业产业产出的总量
16.	森林公园个数 / 面积	反映人们享受森林休闲游憩空间大小，是发展生态旅游的重要载体

（续）

序号	指标及其计算方法	指标作用
17.	湿地公园个数／面积	反映人们享受湿地休闲游憩空间大小，是发展生态旅游的重要载体
18.	农家乐产值：指农家乐旅游接待的直接收入，不包括带动相关产业产生的产值	体现成都市城乡融合，市民享受，农民致富的重要方面，是新农村建设的重要指标
19.	古树名木保护率	体现对绿色文明、生态历史文化的保护力度
20.	生态文化发展水平指数＝∑森林公园权值分＋城镇绿地面积权值分＋名胜古迹风景林权值分＋森林文化产品权值分＋古树名木权值分＋森林主题活动权值分＋四旁树权值分＋林业科普基地权值分	反映继承和发扬传统的优秀的生态文化，普及生态知识，增强生态意识，繁荣生态文化等生态文化载体建设水平，体现当地人民通过绿色消费、增强生态意识和参与生态建设状况

五、建设目标

以"绿色成都，幸福家园"发展理念为指导，通过大力实施城区绿化、城乡绿色健康生态走廊、山丘森林保育、湿地与野生动植物保育、生态旅游、新农村绿色家园、林业产业原料林基地、林木种苗花卉、林业产业加工与流通、生态文化建设等10项建设工程，强化森林防火、病虫害防治、信息化监测与管理等森林和绿地资源安全保障能力建设，建立和完善科技创新平台，实现以下目标（表4-2）。

到2010年森林覆盖率达到37%，人均生态游憩用地面积81.81平方米，森林蓄积量达2590万立方米，建成区人均公共绿地面积11.5平方米，保护建设的乡村大中型林盘2500个，林业产业总产值达到300亿元，生态环境将得到有效恢复，林业富民能力进一步增强，生态文化进一步丰富。

到2015年，使森林覆盖率达到38%，森林蓄积量达到2910万立方米，森林公园、湿地公园等人均生态游憩用地面积82.05平方米，建成区人均公园绿地面积13.5平方米，保护建设的乡村大中型林盘5700个，林业产业总产值达到700亿元，生态状况进一步改善，林业富民能力明显增强，生态文化功能得到有效发挥。

到2020年，森林覆盖率稳定在40%以上，森林蓄积量达到3178万立方米，森林公园、湿地公园等人均生态游憩用地面积 82.05 平方米，建成区人均公共绿地面积 15 平方米，保护建设的乡村大中型林盘达到 7749个，林业产业总产值达到 800 亿元，基本建成完善的林业生态体系、发达的林业产业体系和繁荣的生态文化体系，实现山川秀美，生态优良，资源增长，产业发达，文化丰富，林农富裕，适宜人居的发展目标。

表 4-2　成都林业和园林发展不同阶段的核心指标

项目	编号	指标内容	2007 年	2010 年	2015 年	2020 年
生态指标	1	森林覆盖率（%）	36.15	37	38	40
	2	生态公益林面积（万公顷）	20.00	20.00	21.00	21.00
	3	公益林定向改造面积（万公顷）	0	2.22	3.33	4.44
	4	人均生态游憩地面积（平方米）	78.76	81.81	82.05	82.05
	5	生物量（万吨）（系统动力学模拟）	540.4	540.6	543.1	545.5
	6	自然保护区个数 / 面积（个 / 平方公里）	4/1014.11	4/1014.11	4/1014.11	4/1014.11
	7	道路绿化率	85%	87%	90%	93%
	8	林水结合度（%）　线状林水结合度	34	36	38	40
		面状林水结合度	39	40	41	42
	9	建成区人均公园绿地面积（平方米）	10.64	11.5	13.5	15.0
	10	建成区绿化覆盖率（%）	38.03	40	41	41
	11	建成区绿化乔木覆盖率（%）	65	70	74	75
	12	保护建设的乡村大中型林盘（个）	—	2500	5700	7749
产业指标	13	森林蓄积量（万立方米）	2480	2590	2910	3178
	14	商品林面积（万公顷）	23.33	26.33	27.83	28.67
	15	林业产业总产值（亿元）	220.33	300	700	800
文化指标	16	森林公园个数 / 面积（个 / 公顷）	17/89655	23/91327	28/93136	32/94584
	17	湿地公园个数 / 面积（个 / 公顷）	—	1/133.4	4/400.2	6/400.2
	18	农家乐产值（亿元）	7.3	10.0	13.0	15
	19	古树名木保护率	>95%	>95%	>95%	>95%
	20	森林文化发展水平指数	69.35	75.35	79.25	83.15

第五章 规划依据和总体布局

一、规划依据

1.《中华人民共和国城乡规划法》(2007年)

2.《中华人民共和国环境保护法》(1989年)

3.《中华人民共和国森林法》(1998年修正)

4.《中华人民共和国土地管理法》(1998年)

5.《中华人民共和国野生动物保护法》(2004年修正)

6.《中华人民共和国自然保护区条例》(1994年)

7.《中共中央 国务院关于加快林业发展的决定》(2003年)

8.《全国生态环境保护纲要》(2002年)

9.《城市绿化条例》(1992年)

10.《城市绿地系统规划编制纲要》(2002年)

11.《城市用地分类与规划用地标准》GBJ137—90

12. 中华人民共和国国务院令第526号《汶川地震灾后恢复重建条例》

13.《四川省自然区保护条例》

14.《四川省城市园林绿化条例》

15.《成都市城市园林绿化条例》(1997年修正)

16.《成都市古树名木保护规定》(2008年)

17.《成都市城市总体规划(2003~2020)修编纲要》(2004年)

18.《成都市环境保护"九五"计划和2010年远景目标》

19.《成都市城市绿地系统规划(2003~2020)》(2004年)

20.《成都市生态环境保护与建设规划(2003~2020)》

21.《成都市东部山丘区植被保护与恢复重建规划(2008~2015)》

22.《成都市林业生态环境修复专项规划》

23. 成都市林业和园林管理局及其他相关部门提供的有关资料及发展计划

二、布局原则

（一）服务城市发展，体现以人为本

成都市林业绿化建设就是要结合城市化发展为城市提供生态服务。要以城区为重点，协调全市各区县、中心镇进行整体规划，充分发挥树木、森林在改善城市生态环境中的重要作用，加快林业和园林建设，为人居环境改善和生态化城市建设服务。

（二）立足整个市域，兼顾周边地区

城市林业和园林绿化建设内容十分丰富，包括了发展以生态建设为主体的公益林业，以高科技为支撑的现代林业，以兴林富民为目的的效益林业，以提升城市品位为目标的城市林业，以改善人居环境为目标的生态园林等多种内涵，是多目标、多功能的综合性事业。因此，城市林业和园林绿化建设必须着眼整个城市市域，针对市域需求，突破行政边界，按照区域生态功能区划进行总体布局，并分区实施。

（三）林水相依规划，构建生态网络

以市域范围内大型片林、水体，包括现有的森林公园、湿地公园、自然保护区和城市公园绿地为主体斑块依托，使之成为完备森林生态体系的核心，成为保护生物多样性的基础。完善道路、水系这些线状廊道沿线的防护林带建设，在主干水系、道路两侧形成比较宽的防护林带，并与上述林水主体斑块相连，共同构成整个市域的森林生态网络体系，为城市生态环境提供长期而稳定的保障。

（四）遵循因地制宜，突出本土特色

城市林业和园林绿化发展，要建设以地带性森林植被为主体的森林和绿地生态体系，提高森林和绿地生态系统的稳定性和景观多样性，促进生物多样性保育。在树种选择和模式配置方面不能过分强调常绿、彩叶、花色等视觉效果，而更应该注重提高森林和绿地的生态功能，重视乡土树种的使用，按照地带性植被特征进行森林植被的恢复，突出城市所在地的本土特色。

（五）发挥比较优势，推动产业发展

林业产业是实现林业富民的根本途径。要全面建设小康社会，实现城乡共同富裕、协调发展，大力发展林业产业具有重要意义。要根据城市需求、不同地区的比较优势及市场需求变化，确定合理的林业产业发展方向和规模，如结合旅游、观光等新兴产业发展特色林果、花卉、森林食品等。

（六）传承历史文化，建设生态文明

城市林业和园林绿化发展必须与城市历史文化相结合，与文化古迹保护相结合，传承悠久的历史文化，加强古树名木和各类名胜区森林的保护，强化植物园、森林公园、湿地公园等场所科普配套设施建设，同时顺应现代城市居民生态文化需求，大力发展以各类纪念林为代表的文化林建设，丰富生态文化内涵，建设生态文明。

三、总体结构布局

（一）布局依据

成都林业和园林发展是以"绿色成都，幸福家园"为基本理念。按照系统论的原理，由具有区别又相互联系的若干子系统，有机构成成都市林业和园林建设的完整体系。发展生态林以保障生态安全，发展产业林以满足产业发展的多种需求，发展人文林以弘扬绿色文明和促进人居和谐。因此，可以根据森林和绿地的主导功能进行相对的划分。

在林业和园林发展的结构布局上，要首先满足保障成都市生态安全的需要，构建比较完备的森林生态体系，在城郊森林营造、培育、管理的各个环节都要把提高森林的生态功能放在首位，提高城区绿地绿量和生态服务功能，在这个森林和绿地生态体系的框架之下，加强与成都巴蜀历史文化、环境科普教育等方面的结合，增加绿化建设的文化内涵，并根据现实状况和市场需求发展生态产业林体系。

（二）布局框架

基于国家生态建设、生态安全、生态文明的林业建设思想和城市园林绿化总体要求，以及城市林业和园林本身生态、经济、社会三大效益兼顾的特点，我们提出成都市城乡国土绿化发展总体规划结构布局——"三林"体系。

1. 生态林体系

生态林体系是指片、带、网相连接的以发挥生态功能为主的森林和绿地。主要以山地森林、平原防护林、城区大型森林绿地为主。在这些生态林的经营中，要向近自然林的方向引导，并借鉴恒用林的经营理念，适当增加长寿命、高经济价值珍贵树种，使之成为本地区森林和绿地生态系统健康稳定的基础，成为生物多样性保护的基地，为城乡生态环境的改善提供长期稳定的保障，满足成都可持续发展和改善人居环境的需要。

2. 产业林体系

产业林体系是指以提供木（竹）材、绿色森林食品、苗木花卉、林副产品为主的用材林、竹林、经果林、苗圃等，主要功能是发挥经济效益，也对改善全市生态环境起着补充增强作用。产业林主要受产业发展的经济效益左右，在一定的时期内是随市场波动的。因此，产业林体系建设要结合本地区林业产业发展的区块特色，以市场为导向，满足社会对林产品的消费需求。

3. 文化林体系

文化林体系是指以改善人居环境为目的，具有丰富文化内涵森林的总和，主要包括森林公园、城市园林、村庄林、名胜古迹林、古树名木、各类游憩林和纪念林等，是生态文化体系的重要组成部分。文化林体系在传承历史文化的同时具有改善环境的功能。应重点加快各类纪念林、森林和湿地生态环境教育基地建设，传承城市历史文化，实现人与自然协调发展。

三大森林体系是根据国家林业发展战略提出的"三生态"思想、现代林业三大体系建设要求和城市园林绿化发展趋势，结合成都市林业和园林的实际，按照森林和绿地的主导功能进行定位划分的，是一种相对的划分，它们共同构成城市森林和绿地资源的整体。生态林体系是基础，体现了现代社会对林业和绿地建设"生态优先"的主导需求，是产业林体系和文化林体系实现持续、健康发展的保障，而产业林体系和文化林体系是对生态林体系生态功能的有效补充，可以满足人们的经济、文化需求，避免或延缓生态林体系可能面临的破坏压力，发展绿色产业和弘扬绿色文明，为城市林业和园林绿化的发展带来了巨大的活力。

因此，成都市林业和园林发展的功能结构布局可以概括为：通过构筑布局合理、长期稳定的生态林体系，为成都生态环境的改善提高保障，满足成都市可持续发展和改善人居环境的需要；通过发展经济效益好、具有市场弹性的产业林体系，稳固生态林体系，促进成都市林业产业发展；通过加强城市绿化、村庄绿化，强化名树名木、名胜古迹的保护，大力发展各类纪念林，实现人文与森林和绿地景观的完美结合，传承蜀汉的历史文化。所以，应建立以生态公益林为主的完备的生态林体系，以及依附于生态林体系之上的发达的产业林体系和丰富的文化林体系，为成都经济社会全面可持续发展做贡献。

四、总体空间布局

（一）布局依据

1. 地貌特点

成都市位于成都平原，西跨盆西边缘山地，东连川中丘陵，全市地势差异显著，西北高，东南低。西部属于四川盆地边缘地区，以深丘和山地为主，海拔大多在1000~3000米；龙门—邛崃山的南段雄踞于西北部，地势高亢，山脊线海拔多在3000米以上；西北部高、中山与东南部平原之间的过渡地带为低山丘陵，海拔多在800~1000米。东部属于四川盆地盆底平原，主要由第四系冲积平原、台地和部分低山丘陵组成，土层深厚，土质肥沃，地势平坦，开发历史悠久，海拔一般在450~750米。平原的东部边缘由龙泉山自东北向西南斜贯，海拔650~1000米，其东部即为川中丘陵的西缘。全市东、西两个部分之间高差悬殊达4977米。由于地表海拔高度差异显著，直接造成水、热等气候要素在空间分布上的不同，不仅西部山地气温、水温、地温大大低于东部平原，而且山地上下之间还呈现出明显的不同热量差异的垂直气候带，因而市域范围内生物资源种类繁多，分布相对集中，为林业生态建设和产业发展带来了极为有利的条件。

2. 气候特点

成都市地势东、西高低悬殊，热量随海拔高度急增而锐减，出现"东暖西凉"两种气候类型并存的格局。二是冬暖、春早、无霜期长，四季分明，热量丰富。年平均气温在16.4℃左右，≥10℃年平均活动积温为4700~5300℃，全年无霜期大于337天。三是冬春雨少，夏秋多雨，雨量充沛，年平均降水量为 1124.6 毫米，降水的年际变化不大。四是光、热、水基本同季，气候资源的组合合理，有利于生物繁衍。五是风速小，日照少。广大平原、丘陵地区风速为 1~1.5 米 / 秒，日照率为 24% ~32%，年平均日照时数为 1042~1412 小时，年平均太阳辐射总量为 83.0~94.9 千卡 / 平方厘米。

成都市常年主导风向为北北东风、北风和东北风。全年 12 个月中有 9 个月为东北偏北风，3 个月为北风。要充分利用这种气候特点进行绿化建设空间布局和发展模式选择，使林业和园林更好地为成都经济社会发展服务。

3. 城市发展态势

成都市市域城镇空间已呈现一体化和网络化的发展趋势，在未来的发展中，成都市将依托主要的区际交通干线形成"一心多极，一轴一群"的城镇空间格局，"一心"指主城区；"多极"指规划区外的四市和四县。"一轴"指由主城区沿成雅高速公路和成绵高速公路向南北伸展并连接新津、蒲江以及市域以外的广汉、德阳、乐山等而形成的南北向城市发展轴。"一群"指依托成温邛快速路和成雅高速公路，由崇州、邛崃、新津、大邑、蒲江以及为数众多的中小城镇组成的联系紧密、分工合理、功能一体化的城镇群。市域规划成都市主城区为特大城市，都江堰、崇州、邛崃和彭州 4 个中等城市，新津、大邑、蒲江和金堂 4 个小城市，35 个中型城镇，以及多个大型聚居点（一般镇）。针对这种城市发展态势，在林业和园林规划中要保留和增加绿色生态空间，科学布局城市森林和绿地系统。

4. 居民需求

到 2007 年年末，成都市共有人口 1112.28 万人，其中农业人口 516.72 万人，非农业人口 595.56 万人。地区生产总值达到了 3324.4 亿元。成都市城市居民人均可支配收入 14849 元，农村居民纯收入达到了 5642 元。年末城乡居民储蓄存款余额 2466 亿元。农村居民用于文化教育娱乐用品及服务的支出占到了总支出的 4.96%，排在了继家庭经营费用、生活消费支出、居住之后，位居第四，而城镇居民的这一消费比例更是达到了 12.33%。随着城乡居民生活水平的提高，对林业和园林绿化建设提出了更高要求：一是对以园林绿化、乡村林盘保护为主的人居环境建设有了更高的要求，森林社区建设在全国率先展开；二是对生态旅游的需求旺盛，以森林旅游业和以农家乐为主的农林混合型旅游业得到迅猛发展，促进了乡村农民就业增收；三是对健康休闲场所需求旺盛，要求加强城市公园、森林公园、湿地公园等建设。这些需求是规划实施相应林业和园林建设工程的基础。

5. 相关环境问题

成都市山区及丘陵地区由于滥伐森林、陡坡开垦，使植被覆盖率下降，土层裸露，水土流失现象比较严重。根据水土流失的调查研究结果，成都市轻度以上水力侵蚀面积约 2533.7 平方公里，占全市总面积的 20.4%；中度以上水力侵蚀面积约 1933.6 平方公里，占全市总面积的 15.6%。因此，山丘区的天然植被保护与退耕还林工作的责任很重。

在城市环境方面，根据 2007 年的环境质量监测报告，在空气质量方面，全市全年空气质量优良率（API 指数≤100 的天数）达 100%。城市周边郊区污染问题还相对突出，城区"热岛"效应平均强度一般为 2~4℃，在市区局部地方有时高达 7℃以上。因此，以城市为核心，大力开展城市森林和绿地建设，通过土壤修复林、水岸净化林、污染隔离林、水系护岸林、通道绿化林等建设，缓解城市生态问题、建设优良人居环境。

（二）布局框架

以中国森林生态网络体系点、线、面布局理念为指导，以成都城区为核心，以建设生态公益林为重点，结合湿地系统的保护与恢复，全面整合山地、丘陵、岗地森林，道路、水系防护林，花卉果木基地、城区绿地、乡村林盘等多种模式，建立山丘岗地森林为主，各类防护林相辅，生态廊道相连，城区绿地和乡村林盘镶嵌，"一城三带五区多极多廊多点"为一体的森林和绿地网络体系，实现森林和绿地资源空间布局上的均衡、合理配置。

1. 一　城

一城是指成都市五环以内的城市发展区，该区域的用地基本为平原。在城市北部有凤凰山、磨盘山等丘陵，在中心城范围内有较多水系河道，主要包括锦江、沙河、西郊河、摸底河、浣花溪、东风渠等七条水道。锦江水系不仅具有历史文化内涵，而且经过整治后成为成都市中心城的重要城市森林景观带，形成市区的绿色项链。城市水系和滨水地带的整治、绿化和美化是城市森林林网和水网绿化建设的重点。

2. 三　带

三带是指市域西部的龙门山脉（包括邛崃山脉）、东部的龙泉山脉和西南部的长丘山脉。龙门山脉和龙泉山脉呈东北—西南走向，长丘山脉呈西南—东北走向，这些山地是成都市重要的生态屏障，同时也是市域范围内风景名胜区、森林公园和自然保护区的主要分布地。林业建设的主要任务是加强生态公益林建设、保护生物多样性和合理开发生态旅游资源。

- 龙门山生态保护带：包括邛崃、彭州、都江堰、大邑、崇州五县市的中低山区，海拔 1000~4984 米，地貌复杂，景观多样。该地区是沱江源头及境内岷江水系支流的发源地，气温寒冷潮湿，多风雪，少日照，多暴雨，山洪冲刷极为严重，80% 以上的森林分布于陡坡地带，是重要的高山水源涵养区，对岷、沱两江的水源涵养有着重要的作用，是成都市的水源地和生态屏障，森林涵养水源、保持水土的功能尤为重要。

- 龙泉山生态保育带：该地带海拔高度 500~1046 米，地势起伏高低差在 400~600 米之间，形成低山地貌，建设有石盘、前锋、山门寺、团结、红旗等多座水库。该地区山体破碎，开垦比较普遍，原生植被保留很少，水土流失相对突出，是国家长防林建设的组成部分，经过多年的造林形成了柏木、桤柏混交林为主的人工林，呈不连续的块状分布，其间错落分布着枇杷、柑橘、桃等经济果木林。重点加强现有林保护，提高森林资源质量，强化水源涵养和水土保持功能。

- 长丘山生态保育带：该地带与龙泉山比较类似，地势起伏高低差在650~950 米之间，建设有长滩湖、朝阳湖、伍沟等湖泊、水库。山体破碎，开垦比较普遍，原生植被保留很少，水土流失相对突出，也是国家长防林建设的组成部分，经过多年的造林形成了杉木、马尾松、竹子为主的人工林，呈不连续的块状分布，其间错落分布着竹林和柑橘等经济林。该地区是成都市规划建设的氧源基地之一，对成都市区大气环境有重要改善作用，也对乐山、雅安等下游市县的生态环境具有重要改善功能。重点加强现有林保护，提高森林资源质量，强化水源涵养和水土保持功能。

3. 五　区

五区是指邛崃山山丘区、龙泉山丘陵区、川中丘陵区、长丘山丘陵区和成都平原区。这些地区处在山地与平原交错地带，农业、林业等相关产业发展用地也交错分布，生态环境比较脆弱。从林业发展的方向来看，是用材林、经济林发展比较集中和未来适宜继续拓展的地区，潜力巨大，对农村经济拉动力大，是成都市林业产业发展的重点地区。

• 邛崃山山丘区：是指位于邛崃、彭州、都江堰、大邑、崇州的山丘地区。在低山丘陵地区主要发展短周期工业原料林、材用竹、笋用竹、木本中药材、干果以及蚕桑；在中山地区主要发展速生用材林、茶叶和生态旅游。

• 龙泉山丘陵区：是指位于龙泉驿、金堂、双流、青白江区（县）的龙泉山脉以西的丘陵地区。主要发展枇杷、桃、柿子、橘子、葡萄等经济林果、蚕桑、笋用竹和休闲旅游。

• 川中丘陵区：是指位于龙泉山脉以东金堂县淮口、隆盛、竹篙、高桥、又新、土桥等乡镇的川中丘陵区，丘陵占74%。主要发展脐橙、苹果、桃、李、杏、梨、石榴等经济林果、蚕桑以及桉树等短周期工业用材林。

• 长丘山丘陵区：是指位于蒲江、新津的丘陵地区。主要发展绿色有机茶叶、笋用竹、柑橘等经济林果，同时也适合发展巨桉等短周期工业用材林。

• 成都平原区：是指位于温江、郫县、新都的全部及周边县（市）林业产业发展相对集中的平原乡镇。主要发展木本花卉苗木、笋用竹和休闲旅游。

4. 多 极

多极是指邛崃、彭州、都江堰、大邑、崇州、蒲江、新津、金堂等8县(市)的城区和近郊区绿化建设。主要是按照绿地系统规划推进城区绿化建设，改善城区人居环境；加强城市近郊区防护林、景观游憩林、郊野公园建设，促进城乡生态一体化发展。

5. 多 廊

成都市有岷江、沱江等12条干流及几十条支流，河流纵横，沟渠交错，库、塘、堰、渠星罗棋布，河网密度高达1.22公里/平方公里。同时近年来已经建成了以成绵高速路、成南路、成雅高速路、成温邛高速路、成灌高速路、成彭高速路、成渝高速路、成洛路、川藏公路等为主的骨干道路网络。重点是结合疏浚工程保留大型河道，沿河、沿高速公路和主要道路设置不同宽度的绿化隔离带，建立"蓝脉绿网"，形成纵横交错的水系、道路绿色廊道，构筑市域生态网络状结构。

6. 多 点

多点是指各个县（市、区）的重点镇、新市镇以及新型农民社区等村镇的绿化建设。结合成都市规划建设的 35 个中型城镇、多个大型聚居点（一般镇）以及众多的乡村居民点，在科学定位、合理规划的基础上，以保护、保留、完善林盘为主，把保护好乡村原有自然景观、人文景观与村荣村貌整治结合起来，把建设生态园林型、生态景观型等多种模式的乡村绿色家园，与发展多种形式的农家乐结合起来，因地制宜地开展村镇绿化建设。

五、分区建设布局

成都市域按照空间景观特征来看，可以划分成三个区域，即山丘区、平原区和成都市主城区。从林业规划建设的内容来看，在市域绿化上，重点是构建森林生态网络，保障区域生态一体化发展；在山丘绿化上，重点是发挥森林多种效益，实现生态、产业均衡发展；在平原绿化上，重点是保护生态用地数量，建设绿色家园；在城区绿化上，重点是增加城市三维绿量，促进城市生态环境改善。其核心是"山丘建基地，平原织林网，城区增绿量"。具体可以表述为：

（一）山丘区

西部、北部山丘地加强水源涵养林和水土保持林建设，建立自然保护区，打造生态基地，保护生物多样性；开发森林、湿地等多种自然景观资源，强化森林公园、湿地公园、风景名胜区等建设，打造休闲基地，发展观光林业；发展笋材两用竹，巨桉、杨树等用材林，杜仲、厚朴、猕猴桃等经济林，打造原料林基地，壮大林业产业。建设重点是：保育生态林，发展商品林，建设休闲林；建设格局为"三区四片多核"。

1. 三区——保育生态林

三区是指成都市生态公益林分布比较集中的三个山区地带，包括龙门山区、龙泉山区和长丘山区。

• 龙门山区:在海拔 1500 米以上的高山、中山区，雪山、悬崖、飞瀑、跌水是其特色,植被、动物种类丰富,自然景观多样,重点是加强资源保护,强化森林涵养水源功能,建设龙溪—虹口自然保护区、鞍子河自然保护区、白水河自然保护区和黑水河自然保护区。在 1000~1500 米低山区,山头浑圆,山坡宽缓,主要发展中药材、林果生产基地。

• 龙泉山区:林业建设的重点是加强现有林的保育,开展抚育改造,促进林木生长,并发展楠木、银杏、香樟等珍贵用材林;对经果林开展生态化经营,提高果品质量,并结合观光、休闲需求发展观光林业;结合本地区多个水库周边植被的保护与恢复发展水源林,强化林地水源涵养功能。

• 长丘山区:林业建设的重点是加强现有林的保育,开展抚育改造,发展楠木、银杏、香樟等珍贵用材林,提高森林质量和生态服务功能;对经果林开展生态化经营,提高果品质量,并结合观光、休闲需求发展观光林业;结合水库库区植被保护与恢复发展水源林,强化林地水源涵养功能。

2. 四片——发展商品林

四片是指适合发展果木、用材、木本药材等商品林的四个丘陵地带,包括邛崃山丘陵片、龙泉山丘陵片、川中丘陵片和长丘山丘陵片。

• 邛崃山丘陵片:包括邛崃、彭州、都江堰、大邑、崇州五个县(市、区)的山丘地区,海拔 600~1000 米。在低山丘陵地区主要发展短周期工业原料林、材用竹、笋用竹、木本中药材、干果以及蚕桑。在中山地区主要发展速生用材林、茶叶和生态旅游。

• 龙泉山丘陵片:包括龙泉驿、金堂、双流、青白江等县(市、区)的丘陵地区。主要发展经济林果、蚕桑、笋用竹和休闲旅游。

• 川中丘陵片:是指位于龙泉山脉以东金堂县淮口、隆盛、竹篱、高桥、又新、土桥等乡镇的川中丘陵区,丘陵占 74%。主要发展脐橙、苹果、桃、李、杏、梨、石榴等经济林、蚕桑以及桉树等短周期工业用材林。

• 长丘山丘陵片:包括蒲江、新津的丘陵地区。主要发展绿色、有机茶叶、笋用竹和经济林果。

3. 多核——建设休闲林

多核是指结合生态旅游、生态保护、生态产业等发展需求,在山丘区已经建设和未来将要规划建设的森林公园、湿地公园、风景名胜区、生态果园、郊野公园等。主要包括龙池、鸡冠山、西岭、天台山、白鹿、斑竹林和东山等森林公园，以及青龙湖、南湖、西湖、北湖、关口等湿地公园。

（二）平原区

在成都平原，结合乡村林盘保护和环境整治，完善道路、水系绿化，建设片、带、网，林、水、田一体的绿色林网。建设重点是：织林网，建林廊，保林盘；建设格局为"**二网四廊多岛**"。

1. 二网——织林网

充分利用成都平原发达的河流水系和道路网络，结合疏浚工程保留大型河道，改造小型河道，同时沿河、沿高速公路、主要道路和乡村道路设置不同宽度的绿化隔离带，分别形成水系绿网、道路绿网，建立"蓝脉绿网"，构筑市域生态网络状结构。其中，公路两侧绿化带各宽5米以上，旅游干线和高速公路的绿化面积与道路面积之比大于30%。

2. 四廊——建林廊

成都市绿色健康廊道将构建东、南、西、北四条主要的出入城道路的生态林带作为放射状廊道。即东至古镇洛带、龙泉湖，西至都江堰、青城山、西岭雪山，南到黄龙溪（峨眉山），北至彭州龙门山风景区（三星堆），并进一步规划了西北—东南走向的"光华大道—温江路—青城山"绿色健康生态廊道，贯穿了成都市的东、西、南、北，成为连续而完整地穿插于成都市域范围以内和市域以外范围的城市森林绿色网络体系，以此形成观赏雪山景观、观赏自然景区、观赏历史文化古镇、观赏珍稀动植物等的森林廊道系统。

3. 多岛——保林盘

成都平原分布的众多村镇，都有很好的树木、林带覆盖，形成了绿树环绕、绿荫覆盖的乡村人居景观，被形象地称为"林盘"。通过加强保护这些历史形成的大大小小的"林盘"，使之成为发展农家乐、建设新农村的基础。

（三）城　区

城区是指成都城区绿化建设，通过内部插绿、周边补绿，突出以乔木为主、以林为主的建设模式，增加三维绿量，形成绿带环绕、绿楔分隔、绿岛镶嵌、绿廊相连的绿化格局。建设重点是：绿带环绕，绿楔分隔，绿岛镶嵌，绿廊相连；建设格局为"**五环八楔多廊多园**"。

1. 五环——绿带环绕

利用内环线、二环路、三环路、四环路、五环路作为环状廊道，以此构筑中心城区的城市森林绿色生态屏障，即为成都主城区规划的五道绿圈。第一圈是府南河环城公园，属于公园绿地，加上沿河公园和水域，面积约1.40平方公里；第二圈是二环路绿地，属防护绿地和附属绿地圈；第三圈是三环路和铁环线绿地，两侧各宽50米以上，形成绿色分割带，总面积14.45平方公里；第四圈是四环路绿地，即绕城高速绿地，两侧各宽200~500米；第五圈是五环路环线绿地，两侧各宽50米，属城市森林的生态绿地。

2. 八楔——绿楔分隔

间隔于中心城区周边向城市中心区延伸的组团绿地，分别为北郊风景区、上府河生态保护区、清水河生态保护区、浣花溪风景区、西南航空港生态开敞空间、三圣乡花卉基地、十陵风景区、东郊生态开敞区等8个绿楔。

3. 多廊——绿廊相连

沿城市重点景观河道和主要城市道路建设不同宽度的绿化带，形成绿网，并与城市公园、湖泊水体、街头绿地、居住区绿地、广场绿化相结合，构筑相互连通的绿色网络，建立起城市森林生态网络，为城市可持续发展提供保障。水网绿化主要包括锦江、沙河、江安河、毗河、摸底河、浣花溪等，道路绿化主要包括人民路南北延线、蜀都大道东西沿线，以及主城区范围内沿成绵、成南、成雅、成温邛、成灌、成彭、成渝等7条主要出入城通道。

4. 多园——绿岛镶嵌

城市公园是城市福利性基础设施之一，是为广大市民提供游览休憩的主要场所，是城市卫生防护的绿色屏障。规划建立布局均衡合理、方便市民游憩的市级—区级—居住区三级城市公园体系，即综合性公园、专类公园、游园，以满足不同群体、不同数量、不同兴趣爱好的市民的休闲娱乐的需求和灾害发生时期的防灾避险功能需求。现已建成各类公园、小区游园、街头绿地，主要有成都市植物园、杜甫草堂、文化公园、人民公园、锦江公园和浣花溪公园等。

通过上述林业和园林发展总体规划的实施，有利于本地区城乡的生态融合，促进实现区域生态一体化，从而为整个成都地区的可持续发展提供可靠的生态安全保障，为经济发展和新农村建设，以及繁荣生态文化，建设和谐社会和生态文明做出贡献。

第六章 重点建设工程规划

一、城区绿化建设工程

（一）建设目标

在城市绿地建设中多种树，尤其是多种乔木，乔木覆盖率达到 70％以上；主干街道形成林荫路，各类分车带和步道外侧绿化带的乔灌木种植面积占绿地总面积的 80％以上，城区主要沿街道路实施绿墙工程垂直挂绿；居住区绿化植物配置以乔木为主，新建居住区绿化面积不得少于总用地面积的 30％。

至 2010 年，主城区绿地率达到 37％，绿化覆盖率达到 40％，人均公园绿地 11.5 平方米。

至 2015 年，主城区绿地率达到 38％，绿化覆盖率达到 41％，人均公园绿地 13.5 平方米。

至 2020 年，主城区绿地率达到 40％，绿化覆盖率达到 45％，人均公园绿地 15 平方米。

（二）建设范围

包括中心城五城区、高新区和六个周边区（县）的行政区划范围，总面积为 3681 平方公里。其中规划城市建成区范围，以成都四环路为界，分为中心城区和新都—青白江、龙泉、华阳、双流（东升）、温江、郫县等六个周边组团。

（三）建设内容

1. 主城区公园建设和现有各类绿地品质提升以及防灾避险功能的完善

出于对未来成都市科学发展和合理布局的考虑，在主城区逐步均匀构建综合公园、社区公园、专类公园、带状公园等各类公园。调整公园布局的均匀程度、增加防灾避险的功能设施和增强公园类型的丰富多样，特别是加强专类公园的建设，大力增加如儿童公园、纪念性公园、历史名园等的数量。在成都市主城区范围内，规划建设主要内容见表 6-1、表 6-2。

表 6-1　新建的城市公园

名称	建设年限	建设内容	建设面积
凤凰山公园	2007~2010 2011~2015	保留凤凰山现有树木，增加种植以高大常绿乔木为主，配植适当灌木、地被植物，形成层次丰富的森林群落，为城市提供新鲜空气。适当建设水体面积、健身步道和其他公共设施，方便市民休憩和健身	64 公顷 100 公顷
百仁公园	2011~2015	以古蜀文化为主线，蜀文化从古至今的建筑风格依次浓缩在公园之内，并把园林艺术与建筑的形态完美地融合在一起，形成一个集文化、演艺、旅游、商贸等为一体的蜀文化主题公园	117 公顷
中坝公园	2016~2020	位于青羊区东坡中坝社区，增加种植以高大常绿乔木为主，配植适当灌木、地被植物，形成层次丰富的森林群落，为城市提供新鲜空气	40 公顷
皇城坝公园	2016~2020	拆除马道街和后子门之间的密集建筑，形成大片绿地，恢复历史上的古园摩诃池。规划防灾避险设施，建设成为重点防灾避险公园，并以旧皇城坝为中心，纳入市体育场、天府广场和人民公园	30 公顷
摸底河公园	2016~2020	西郊三环路外楔形绿地区，利用地形，规建成为具有成都地带性植被特色、自然生态群落多样性突出的郊野公园	360 公顷

表 6-2　提升品质特色的公园

名称	建设年限	建设内容	建设面积
大熊猫生态公园	2007~2010 2011~2015	规划为以世界珍稀濒危动物大熊猫繁育研究和半野生放养为基本内容，开展休闲娱乐、旅游度假等多种活动的超大型专类公园	130 公顷 99 公顷
金沙遗址公园	2007~2010	结合金沙遗址博物馆，规划建设为以古蜀文化为特色的遗址公园	19 公顷
十陵景区	2011~2015 2016~2020	规划恢复历史上的千亩大湖，利用区内古墓群和周围区域，广植果树、花木，适当建设旅游、园林设施，形成融古墓和水上娱乐为一体的超大型历史文化公园	450 公顷 350 公顷

（续）

名称	建设年限	建设内容	建设面积
永康森林公园	2011~2015 2016~2020	作为武侯区江安河生态休闲带上的主题公园之一，将以内河湿地水文化、蜀汉三国文化、川西民居、民俗文化为特色，打造成集会议、度假、休闲、娱乐、观光为一体的绿色生态城市功能服务区域	89公顷 55公顷
植物园	2011~2015	增建大型温室，丰富自然植物群落景观，建成具有全国影响的园林植物园。建设植物多样性保护利用基地	面积将扩大到60公顷
青羊绿洲公园	2011~2015 2016~2020	城市绿洲公园除注重城市生态环境、景观休闲的功能外，更突出历史文化的传承和民俗文化的演绎。整个公园按照功能分为森林文化展示区、民俗文化演绎区和历史文化传承区	274公顷 200公顷
江安河公园	2011~2015	利用地形，对其沿岸进行滨河绿化建设，打造成最大的绿化观光休闲公园	总长13公里的江安河沿岸，253公顷

防灾避险绿地建设，重点位于三环路以内，且以现有绿地资源为支撑，完善其避险功能为主，新建绿地为辅，从而使防灾避险绿地近期建设投资省、见效快、可实施性高，构筑近期防灾避险绿地系统，完善城市防灾体系。中心城内近期形成紧急避险绿地19个，临时避险绿地10个，防灾公园绿地1个（表6-3）。

表6-3　成都市防灾避险绿地近期建设项目表

分级	控规编号	绿地类别	用地性质	有效避难面积（平方米）	分区	备注
紧急避险绿地	4（Ⅰ.E）-b-10-01	街旁绿地	街头绿地（G12）	2122	青羊区	现状改造
	4（Ⅱ.C）-b-09-01	小区游园	绿地（R24）	3268	武侯区	
	4（Ⅴ.D）-b-04-03	街旁绿地	街头绿地（G12）	3495		
	5（Ⅰ.C）-c-01-06	街旁绿地	街头绿地（G12）	2305		
	5（Ⅰ.E）-a-08-14	街旁绿地	街头绿地（G12）	3101		
	5（Ⅱ.A）-a-09-03	小区游园	绿地（R24）	2221		
	5（Ⅲ.C）-b-04-03、04	小区游园	绿地（R24）	2714		
	5（Ⅳ.C）-a-03-03	小区游园	绿地（R24）	3784		
	5（Ⅳ.E）-c-03-05	小区游园	绿地（R24）	2006		
	5（Ⅴ.B）-b-07-02	小区游园	绿地（R24）	2096		

（续）

分级	控规编号	绿地类别	用地性质	有效避难面积（平方米）	分区	备注
紧急避险绿地	5（Ⅶ.D）-a-06-01	小区游园	绿地（R24）	5097		
	2（Ⅶ.C）-b-09-06	小区游园	绿地（R24）	3523.8	成华区	新建
	6（Ⅱ.A）-a-03-02	街旁绿地	街头绿地（G12）	4449	高新区	现状改造
	1（Ⅱ.B）-a-04-03	小区游园	绿地（R24）	3000	锦江区	新建
	3（Ⅰ.B）-a-05-02 3（Ⅰ.B）-a-03-04	小区游园	绿地（R24）	3386	金牛区	现状改造
	3（Ⅵ.C）-a-04-06	小区游园	绿地（R24）	3299		
	3（Ⅷ.B）-a-05-02	街旁绿地	街头绿地（G12）	9429		
	3（Ⅷ.B）-a-02-04	街旁绿地	街头绿地（G12）	6838		
临时避难绿地	1（Ⅰ.B）-c-11-01	居住区公园（活水公园）	街头绿地（G12）	13881.6	锦江区	现状改造
	1（Ⅳ.F）-b-01-10、11、14	综合公园（塔子山公园）	公园（G11）	123980.4		
	5（Ⅱ.F）--b-03-01	综合公园（望江公园）	公园（G11）	76972	武侯区	
	2（Ⅴ.D）-b-01-01	综合公园（新华公园）	公园（G11）	59013	成华区	
	6（Ⅰ.D）-c-03-02	居住区公园（神仙树公园）	绿地（R24）、街头绿地（G12）	47745	高新区	
	4（Ⅱ.D）-b-02-01	综合公园（人民公园）	公园（G11）	94381	青羊区	
	4（Ⅲ.A）-b-29	综合公园（文化公园）	公园（G11）	42392.4		
	4（Ⅱ.C）-b-02-05	综合公园（百花潭公园）	公园（G11）	46836		
	QY-HHX-04-1、2 QY-HHX-05-1，QY-HHX-10-1	综合公园（浣花溪公园）	公园（G11）	129262		
	3（Ⅵ.B）-b-02-03	专类公园（成都市青少年科技园）	公园（G11）	125679.6	金牛区	
防灾公园	1（Ⅲ.A）-a-01-01	综合公园（东湖公园）	公园（G11）	164810.4	锦江区	现状改造

2. 三环路生态林带建设

规划在三环路上建设环城公园景观带，使之成为全国最大的环城公园绿地之一，实现交通、生态、人居、经济、景观等功能的融合。规划将在生态上提升城市环境和人居环境质量，为市民提供休闲健身的场所；在文化上提升三环沿线已有文化基础上，挖掘更丰富的景观文化内涵；在景观上进一步营造结构科学稳定的植物群落，提升景观效果，做到层次丰富，季相分明，色彩多样。以此形成两侧各宽50米，全长约51公里的城市绿廊。

2007~2010年期间，完成主体工程。

2011~2015年，从两侧绿廊的生态、景观、人居、交通等全面实现品质升华。

3. 四环路绿地特色建设

结合外环线的自然环境状况，在四环路内外两侧建设各500米宽的绿带和绿色生态环区。在绿带建设中，为突出四环路植物景观的特色，传承本土文化，将大量种植乡土植物，特别是种植以芙蓉和银杏为主的树种。

到2015年，规划四环路范围内，分别在城南与城东之间建立面积约为10平方公里的常绿阔叶林自然风貌郊野公园，在城西建立面积为2~5平方公里的成都平原竹林盘以及高大竹类郊野公园，在城东北与建设水源和氧源涵养水土保持林相结合，并进一步形成风景林郊野公园。

4. 成都市中心城区林荫大道规划建设

到2015年，重点进行分布于主城区范围的21条干线和其他道路绿化建设：①蜀都大道；②人民北路—人民中路—人民南路—天府大道；③羊西线；④成洛路；⑤武侯大道；⑥高新大道；⑦金牛大道；⑧东大街；⑨长顺街；⑩驿都大道；⑪成华大道；⑫蓉北商贸大道；⑬川陕路；⑭交大路—沙西线；⑮光华大道；⑯成彭路；⑰红星路；⑱成南高速入城段；⑲成渝高速入城段；⑳同仁路；㉑肖家河沿街；㉒其他道路。道路森林覆盖率增加45%，林木覆盖率增加50%。

5. 城市屋顶绿化及垂直绿化

城市屋顶绿化及垂直绿化是城市绿化的重要形式之一，是改善城市生态环境、丰富城市绿化景观的有效途径，现已成为城市绿化的特色之一。

到 2010 年，全市屋顶（12 层以下）和墙体绿化达到 300 万平方米。

到 2015 年，全市屋顶（12 层以下）和墙体绿化达到 400 万平方米。

到 2020 年，全市屋顶（12 层以下）和墙体绿化达到 480 万平方米。

6. 绿墙建设

到 2015 年，在城市范围内，拆除主干道未能透绿的围墙，构建绿量适宜，通透开敞的临街绿地，以此提高绿视率。通透式围墙，通透率大于 70%，通透部分绿视率应在 60% 以上；围墙外加或内加植物，种植槽宽度 30 厘米以上、高度 40 厘米以上。

7. 森林社区建设

进一步加强全市各个社区的绿化建设，创建森林社区。充分发挥园林与林业两大产业的优势，打造具有城市特色的森林社区。

到 2010 年，在全市域范围内达到 70 个优秀森林社区示范点。

到 2015 年，在全市域范围内达到 150 个优秀森林社区。

到 2020 年，实现优秀森林社区达到 300 个。

8. 街旁游园（绿地）建设

在三环路以内的中心城区范围内，结合旧城改建和新建居住区，按服务半径 500 米要求规划小游园和广场，弥补中心城区公园绿地数量不足和布局不均的现状，为城市添绿。通过街旁游园（绿地）的规划和建设，改善居民生活环境，丰富和拓展居民文化活动空间和内容。

到 2010 年，市区规划建设小游园 250 个，每个面积 50~2000 平方米不等，总面积约 25 公顷。

到 2015 年，市区规划建设小游园 300 个，总面积约 34 公顷。

到 2020 年，小游园达到 400 个以上，总面积约 40 公顷。

二、城乡绿色健康生态走廊建设工程

（一）建设目标

通过健康廊道将城市和乡村的各类绿地资源有机联结，提高廊道沿线各类绿地的景观和生态价值，它贯穿了成都市的东、西、南、北，成为连续而完整地穿插于成都市域范围内以及市域以外范围的绿色网络体系，以此形成观赏雪山景观、自然景观、历史文化景观、珍稀动植物等的城市森林廊道系统。

（二）建设范围

建设范围涉及成都市各县（市、区），重点在成都市域范围内的森林绿地网络和各大风景区。建成的生态廊道包括市区范围内的内环、二环、三环、四环以及公路环，东至古镇洛带、龙泉湖，西至都江堰、青城山、西岭雪山，南到黄龙溪（峨眉山），北至彭州龙门山风景区（三星堆）。

（三）建设内容

成都市绿色生态廊道能够延伸并覆盖整个成都市，与成都市城市绿地系统紧密结合，市民可方便地进入公园绿地。其最大特点就是该网络交通系统深入到郊区，使市民能够在整个城市绿地中不受机动车影响，顺畅游走，把人与绿色廊道、斑块、基质更加紧密地联系起来。该绿色健康廊道西部轴线全长约110公里，通过成都市城区、温江区、都江堰市，最终到达青城山风景区。该廊道经过光华大道、温玉路、成青路。成都市健康廊道网络将在2020年形成"一轴·一扇·四廊·五环·多点"的布局结构。

利用内环线、二环路、三环路、四环路（绕城高速）、城郊公路环线作为环状廊道。东、南、西、北四条主要出入城市道路的生态林带作为放射状廊道。城区内（沙河、清水河以及郊外的毗河、金马河、杨柳河、东风渠）的河流两岸湿地,其生态绿线作为扇形健康廊道。连结全市城区，郊外的各类绿地为景观节点。步道网络总长约900公里。

（1）一轴：即绿色廊道自身依托快速通道和都江堰的主要河系、锦江生态绿带（原府南河生态绿带）形成的一条生态轴线。该轴线的起始点是市中心的天府广场，终止点是青城山风景区。其长度为68.3公里。

（2）一扇:区域内（沙河、清水河以及郊外的毗河、金马河、杨柳河、东风渠等）的河流两岸湿地，其生态绿线作为扇形健康廊道。

（3）四廊：绿色健康廊道将构建东、南、西、北四条主要出入城道路的城市森林生态林带。其中北部廊道122.2公里、南部廊道97.8公里、西部廊道193.5公里、东部廊道79.5公里。

（4）五环：廊道萦系着城区范围内的锦江绿带和锦江环城公园（原府南河绿带和环城公园），利用内环线、二环路、三环路、外环路（绕城高速）、城郊公路环作为环状廊道。其总长度为341.6公里，内环16.4公里、二环路28.3公里、三环路51.4公里、外环路（绕城高速）85公里、五环路 157.5 公里。

（5）多点：绿色生态廊道上利用和新建多个景点，其中包括各类公园、旅游景点、文物古迹等。

到 2010 年，完成"一轴" 68.3 公里和三环路的 41.7 公里建设内容，总长度约 110 公里。

到 2015 年，完成四环路（绕城高速）85 公里、北部廊道 122.2 公里等近 230 公里的绿色生态廊道建设。

到 2020 年，完成余下 560 公里的绿色生态廊道建设。

三、山丘森林保育工程

（一）建设目标

建立起布局与结构比较合理，具有多功能、高效益的森林资源体系，生态公益林建设以低质低效林改造、荒山造林、封山育林以及森林管护为重点。

到 2010 年，封山育林达到 60936.2 公顷，退耕还林 30348.9 公顷，荒山造林 33614.8 公顷，实现森林管护面积 38178.4 公顷。

到 2015 年，完成退耕还林 30955.5 公顷，封山育林达到 62154.9 公顷，荒山造林 34287.2 公顷，实现森林管护面积 50184.4 公顷。

到 2020 年，实现森林管护面积 177582 公顷。

（二）建设范围

主要的山区森林保育建设按照区域特点和主体目标的差异，在各个县（市、区）都有带状、片状、斑状等的零星分布，其中面积较大并主要集中的有以下三个区域：市域西部的龙门山脉（邛崃山脉）、东部的龙泉山脉和东南部的长丘山脉，是市域范围内自然保护区、风景名胜区和森林公园的主要分布地，分别规划成为龙门山生态保护带、龙泉山生态保育带和长丘山生态保育带。

（三）建设内容

1. 天然林资源保护工程

生态公益林： 到 2010 年，完成天保公益林人工造林 12006 公顷，实施森林管护面积 38178.4 公顷；到 2015 年，完成天保公益林人工造林 12259.3 公顷，森林管护面积 50184.4 公顷。

封山育林：至 2010 年实现封山育林 60936.2 公顷；至 2015 年达到 62154.9 公顷。利用森林植物天然更新的能力，在成都市各大流域治理区培养有前途的疏林地，在每公顷有天然下种能力的针叶母树 60 株以上或有阔叶母树 90 株以上的山场地块，或人工造林难以成活的陡坡、岩石裸露地、水土流失区，实施封山育林。

2. 退耕还林生态修复工程

到 2010 年，按国家《退耕还林条例》有关规定，继续抓好已完成的 30348.9 公顷退耕还林地和 33614.8 公顷荒山造林地的管理，发展退耕还林替代产业，使其达到生态增效、农民增收的建设目标。

到 2015 年，实现 30955.5 公顷退耕还林地和 34287.2 公顷荒山造林地的科学管理，各个县（市、区）范围内，完善和落实有关政策，切实加强现有退耕还林地的保护与管理，巩固退耕还林成果，合理分布调配林种，并完成配套荒山荒地造林任务。

3. 成都市东部山丘区植被保护与恢复重建工程

成都东部山丘区地跨金堂、青白江、龙泉驿和双流四县（区），规划面积 2121.6 平方公里。到 2015 年，规划在成都市东部山丘区形成"一带四廊九片多点"的布局结构。植被恢复与生态治理内容包括：一带：沱江两岸"淮口—五凤"段水源涵养林带。四廊：以成达线、成渝线及成南高速、成渝高速 4 个主线为基准，两侧 200 米内，规划构建 4 条绿色屏障护路林长廊。九片：九龙长湖生态旅游区、云顶石城森林公园、龙泉东山森林公园、龙泉金龙湖风景名胜区、双流毛家湾森林公园为五片特用林建设区，在生态脆弱区规划构建四个成片生态经济型特色基地。多点：龙泉山脉大中小型共计 38 座水库，库区以第一层山脊内，规划构建 38 个水源涵养林建设点。

四、湿地与野生动植物保育工程

（一）建设目标

1. 自然保护区和自然保护小区

自然保护区以满足野生动植物保护为目标，在现有基础上，增加保护区面积，促进自然保护区的升级，使 95% 以上的国家级重点保护野生动植物和典型生态系统得到有效保护；继续抓好已建的 4 个自然保护区和已建自然保护小区的基础设施和规范化建设，建设和完善 15 个重点野生动植物保护站；建设一批具有特色的自然保护小区，形成一个以自然保护区为主体，自然保护小区为辅，布局合理、设施先进、管理高效的野生动植物保护网络体系，基本实现野生动植物资源的可持续利用和发展。

2. 湿　地

重点加强退化湿地的恢复，促进成都市水质改善，建设面积3639.6公顷。

（二）建设范围

自然保护区和自然保护小区：包括现有的4个自然保护区，以及在西北部中高山地区、西北部低山丘陵区、东部丘陵区和中部平原区，针对该区域珍稀野生动植物合理规划和建立的一批自然保护小区。

湿地：包括邛崃、崇州、都江堰、彭州、温江、青白江等6处湿地的恢复重建。

（三）建设内容

1. 湿　地

到2010年，完成大观千亩荷塘、生态观光湿地的恢复建设，面积为153.4公顷。

到2015年，完成羊马湿地建设、十方塘湿地一期工程和关口湿地一期工程，湿地保护小区的面积达到1300.2公顷，总数4个。

到2020年完成十方塘湿地、关口湿地建设，新建万亩西湖湿地，湿地保护小区的面积达到3639.6公顷，总数6个（表6-4）。

表6-4　湿地建设规划

名称	地点	面积（公顷）	建设期
大观千亩荷塘湿地	位于都江堰大观镇大观村和欣禾村	46.7	2007~2010
生态观光湿地	位于青白江区大湾镇革新村以东，大同镇同福路以西，同华大道以北	106.7	2007~2010
羊马湿地	位于崇州羊马镇金马河沿线	346.8	2011~2015
十方塘湿地	位于邛崃市临邛镇大鱼村、葫芦村	400	2011~2015
		605	2016~2020
关口湿地	位于彭州关口、通济河流地区，与关口水库相连	400	2011~2015
		400.4	2016~2020
万亩西湖湿地	位于温江天府街办、和盛镇、金马镇临金马河沿线	1334	2016~2020

2. 自然保护区

加强都江堰的龙溪—虹口自然保护区、崇州的鞍子河自然保护区（大熊猫）、大邑的黑水河自然保护区和彭州白水河自然保护区（大熊猫）的基础实施和周边社区能力建设；到 2020 年，把黑水河自然保护区升级为国家级自然保护区（表 6-5）。

表 6-5　市域现有自然保护区

名称	所在地	级别	面积（平方公里）
龙溪—虹口自然保护区	都江堰	国家级	310
白水河自然保护区（大熊猫）	彭州	国家级	301.5
鞍子河自然保护区（大熊猫）	崇州	省级	101.41
黑水河自然保护区	大邑	省级	301.02

3. 自然保护小区建设

（1）在西北部山区，建设邛崃天台山禁猎区等 8 个自然保护小区，保护雉鹑、金雕、斑尾榛鸡、绿尾虹雉、红腹锦鸡、黑熊、岩羊、水鹿、豺、藏酋猴及珙桐、水青树、光叶珙桐、连香树、梓叶槭、桢楠、红豆树、杜仲、厚朴、黄连等珍稀动植物。

（2）在东部丘陵区和中部平原区，保护和建设朝阳湖、石象湖、长滩湖、龙泉湖、白鹤湖等野生动物相对集中的栖息地，建立自然保护小区，建成 5~6 个示范小区。

到 2010 年，完成上述自然保护小区规划和初建。

到 2015 年，完成基础设施建设。

到 2020 年，全面完成自然保护小区体系的建设。

五、生态旅游工程

（一）建设目标

建设和完善森林和湿地旅游基础，加强对森林公园和湿地公园基础设施的建设，改善其森林生态景观，结合生态植被恢复工程，配套建设森林生态旅游基础设施，完善和提高森林和湿地生态旅游的基础条件和接待能力。

1. 森林公园

对龙门山脉的都江堰、彭州、大邑、崇州、邛崃和蒲江的森林进行整体景观打造，实施森林景观修复和特色培植工程，科学合理种植色叶植物、香化植物和乡土特色森林景观植物。

到 2010 年，重点续建和开发景观特色突出、品质高的森林公园 8 个以及结合资源开发一些森林旅游区，实现森林公园总数 23 个。

到 2015 年，力争森林公园总数达到 28 个。

到 2020 年，力争森林公园总数达到 32 个，总面积达 94584.6 公顷，年接待量 2000 万人次，实现产值 100 亿元。

2．湿地公园

打造具有成都平原特色的湿地景观，充分发挥其生态旅游观光价值，建设湿地公园 4 个。

到 2010 年，完成北湖的规划和建设；实现湿地旅游年接待量 150 万人次，总产值 5 亿元。

到 2015 年，初步完成青龙湖、南湖和西湖的规划和建设。

到 2020 年，完成对湿地公园的品质提升，实现湿地旅游年接待量 200 万人次，总产值 15 亿元。

（二）建设内容

1．森林公园

坚持"立足保护、适度开发、引资共建、突出特色"的方针，加强天台山、龙池、西岭雪山、鸡冠山等现有 8 个国家级、省级森林公园的基础设施和服务体系建设；加快莲花湖森林公园、毛家湾森林公园、三圣森林公园等 10 个市级森林公园的规划和建设（表 6-6），把其中的 3~5 个提升为省级森林公园，进一步开展各级森林公园的建设和评选。

到 2010 年，森林公园总数达到 23 个，新增静惠山森林公园、云顶山森林公园、白鹤山森林公园、竹溪湖森林公园、二龙山森林公园，森林公园总面积达到 91327 公顷。

到 2015 年，森林公园总数达到 28 个，新增龙泉花果山森林公园、柏合镇森林公园、烟霞湖森林公园、石象湖森林公园、长滩湖森林公园，森林公园总面积达到 93136.5 公顷。

到 2020 年，全市实现森林公园总数达到 32 个，新增朝阳湖森林公园、银杏坪森林公园、天国山森林公园、九仙山森林公园，森林公园面积达到 94584.6 公顷。

表 6-6　成都市现有森林公园一览表

名称	所在地	级别	面积（公顷）
龙池国家森林公园	都江堰	国家级	29548
西岭国家森林公园	大邑	国家级	48650
天台山国家森林公园	邛崃	国家级	1328
白水河国家森林公园	彭州	国家级	2272
鸡冠山森林公园	崇州	省级	900
灵岩山森林公园	都江堰	省级	300
白鹿森林公园	彭州	省级	3400
东山森林公园	双流	省级	466
斑竹林森林公园	新津	市级	33
翠月湖森林公园	都江堰	市级	60
莲花湖森林公园	都江堰	市级	333.33
毛家湾森林公园	双流	市级	91.18
三圣森林公园	锦江区	市级	1011.23
北郊森林公园	成华区	市级	1432.39
御翠草堂森林公园	武侯区	市级	3.47
青白江工业区森林公园	青白江区	市级	80.80
熙玉森林公园	彭州	市级	200.00
红豆山森林公园	新津	市级	26.67

2. 湿地公园

到 2020 年，在成都市城区的东、南、西、北四个方向建设四个以游憩为主的湿地公园，总面积为 453 公顷（表 6-7）。

表 6-7　湿地公园建设规划

名称	地点	建成时间	面积（公顷）
北湖湿地公园	城区北部北郊森林公园	2010 年	155
南湖湿地公园	城区南部南湖公园	2015 年	75
青龙湖湿地公园	城区东部明十陵历史文化公园	2015 年	80
西湖湿地公园	城区西北部上府河郊野森林公园	2020 年	143

六、新农村绿色家园建设工程

（一）建设目标

在成都 14 个县（市、区）范围内，调整、完善、新建大中小型规模的乡村生态旅游地，在各个县（市、区）以镇为单位建设绿色家园，合理开发和充分利用成都丰富的田园风情、人文景观，积极发展生态旅游业。该项工程将对改善农村人居环境起到重大作用，同时也是实现城乡统筹的重要手段。

到 2010 年全市完成 2500 个林盘聚居点保护规划，落实保护措施，建设 373 个新型社区。

到 2015 年，再完成 5700 个林盘聚居点保护规划，落实保护措施，使新农村新社区数量达到 453 个左右。

到 2020 年，再完成 7749 个林盘聚居点保护规划，落实保护措施，使新农村新社区数量达到 600 个左右。

（二）建设内容

1. 川西林盘的保护和建设工程

林盘生态系统是成都平原特有的生态聚落景观，在全国具有唯一性。在农村新型社区覆盖范围之外选择一定比例的代表性强、规模较大、价值较高的林盘点，合理布局，使之成为林盘聚居保护点，加强建设性保护。通过川西林盘的保护和建设，积极吸纳部分周边农民进入林盘点居住，并将川西林盘建设作为具有川西农居风貌特色和现代人居环境功能的新型农村聚居点建设的重要元素之一。全市农村区域现有各种规模的林盘约 9 万个，其中，10 户以上规模较大、植被环境较好、林盘特征典型的大中型林盘共有 7749 个，占全市林盘总数的 8.6%，总占地面积 15985公顷，将对其结合实际规划建设成为农耕型、旅游型、特殊产业型、生态型四类不同特色的林盘保护区。

2. 新农村新社区建设工程

新农村新社区建设主要是村庄的绿化、美化，改善农村人居，培育农民生态意识，构筑新型农村文化，促进城乡生态文化统筹发展。到2010 年，规划建设 373 个新农村新社区；到 2015 年，规划建设 453 个新农村新社区；到 2020 年，使新农村新社区数量达到 600 个左右。

3. 乡村休闲观光建设工程

在成都现有乡村生态旅游（俗称农家乐）发展规模的基础上，加强服务体系的配套化、合理化、特色化、规模化建设，使农家乐数量达到12000~15000余家，重点建设三个乡村生态旅游特色片区：

（1）三圣乡"五朵金花"乡村生态旅游区：以花卉为特色，重点提升品质和服务能力。

（2）龙泉驿、双流、新津等地经济林果乡村生态旅游区：以桃、梨、枇杷等经济林果为特色，结合桃花节、梨花节、枇杷节等开展观花品果的生态休闲旅游。

（3）温江、郫县、都江堰等地乡村生态旅游区：以花卉苗木生产为基础，发展庭院生态休闲旅游。

七、林业产业原料林基地建设工程

（一）建设目标

围绕"百乡千村兴林富民工程"，建成有特色、有规模、有示范的林、竹、药、果基地（表6-8）。

到2010年，林业总产值达到300亿元，农民从林业上获得的人均年收入增长20%。

到2015年，林业总产值达到600亿元，农民从林业上获得的人均年收入增长15%。

到2020年，林业总产值达到800亿元，农民从林业上获得的人均年收入增长13%。

初步建成森林资源丰富、布局合理、功能完备、结构稳定、优质高效的现代林业体系，林业产业带动作用明显，实现生态建设产业化，产业发展生态化，基本满足社会经济可持续发展的需求。

表6-8　成都市林业产业基地建设规划表　　　　单位：万公顷

项目名称		总面积（公顷）	建设时间（年）			备注
			2007~2010	2011~2015	2016~2020	
工业原料林基地		90000	33333.3	30000	26666.7	新建
竹产业基地	材用竹	25333.3	3333.3	8666.7	13333.3	新建
	笋用竹	36666.6	3333.3	13333.3	20000	新建
	慈竹	41333.3	18000	13333.3	10000	更新

（续）

项目名称		总面积（公顷）	建设时间（年）			备注
			2007~2010	2011~2015	2016~2020	
林药基地		28666.7	6666.7	10000	12000	新建
经济林（果）基地		12000	3333.3	2000	6666.7	新建
林下综合开发	林下种植	10666.7	3333.3~4666.7	4000	6666.7	达到
	林下养殖	4666.7~5333.3	2000~3333.3	3333.3~4666.7	4666.7~5333.3	达到
用材林基地		123333.3	3333.3	53333.3	66666.7	改造

（二）建设内容

1. 短轮伐工业原料林基地

在邛崃山脉和龙泉山脉等中低山、丘陵区及平原区的宜林地、"四旁"、"四荒"、商品林更新迹地、低效低质林改造和农业结构调整规划的退耕坡耕地，发展以桤木等乡土树种为主的速生工业原料林基地。

至 2010 年，新造林 33333.3 公顷，其中在大邑、邛崃、蒲江、崇州等邛崃山脉区新建 13333.3 公顷，在金堂、青白江、龙泉、双流等龙泉山脉区新建 13333.3 公顷，在彭州、新津等新建 6666.7 公顷，使木质产业原料林基地达到 10333.3 公顷以上。

至 2015 年，新造短轮伐工业原料林基地 30000 公顷，在邛崃山脉等区域造林 18666.7 公顷，其他地区造林 11333.3 公顷，使木质产业原料林基地达到 133333.3 公顷以上，为成都的木材加工企业提供丰富的原材料，进一步满足社会对林产品的需求。

至 2020 年，新造短轮伐工业原料林基地 26666.7 余公顷，在邛崃山脉区造林 20000 公顷，其他地区造林 6666.7 公顷，使木质产业原料林基地达到 160000 公顷以上，更好地为成都的木材加工企业提供丰富的原材料，满足社会对林产品的需求。

2. 竹产业基地

以省市林业科研院校为技术依托，应用竹业高新技术，改造现有的低效竹林，建立有特色的慈竹、楠竹、绵竹等材用竹基地，麻竹、雷竹、方竹、牛尾竹、苦竹等笋用竹基地。

到 2010 年，在双流、新津、蒲江等地改造麻竹、吊丝球竹等笋材两用竹基地 6666.7 公顷，依托造纸企业在邛崃、大邑、崇州、蒲江、双流、彭州等地，建设以慈竹、绵竹、楠竹、杂交竹为主的材用竹基地 3333.3 公顷，慈竹更新复壮 18000 公顷，在都江堰、崇州、双流等地建设以方竹、雷竹、牛尾竹为主的笋用竹基地 3333.3 公顷。

到 2015 年，在邛崃、大邑、崇州、蒲江、彭州等地发展材用竹 8666.7 公顷，慈竹更新复壮 13333.3 公顷；在崇州、都江堰、双流、彭州等地发展笋用竹达到 13333.3 公顷。

到 2020 年，重点在邛崃、大邑、崇州、蒲江、都江堰、双流、彭州等地发展材用竹 13333.3 公顷，慈竹更新复壮 10000 公顷；在崇州、都江堰、双流、彭州等地发展笋用竹达到 20000 公顷。

3. 林药基地

依托植物药生产企业或农村经合组织，分别在大邑、都江堰、彭州、邛崃、蒲江等地建设杜仲、黄柏、厚朴、黄连、乌梅、银杏等基地，在青白江、金堂等建设桔梗、沙参等基地。

到 2010 年，在都江堰、彭州、大邑等地新发展厚朴、黄柏、杜仲、黄连、乌梅等林药种植基地 6666.7 公顷，其中建立中药材规范化种植技术（GAP）示范基地 3333.3 公顷。

到 2015 年在都江堰等地新发展 10000 公顷林药基地。

到 2020 年在都江堰、彭州、大邑、崇州等地新发展 12000 公顷林药基地。

4. 优质经济林（果）基地

重点是对金堂的脐橙基地，龙泉驿的水蜜桃、枇杷基地，双流的枇杷基地，蒲江的柑橘基地，邛崃的柑橘、猕猴桃基地，都江堰的猕猴桃基地等低质低效经济林果进行改造更新。

到 2010 年，在龙泉山脉及龙门山脉等区域新发展优质经济林果基地 3333.3 公顷，改造低质低效经济林果 13333.3 公顷。

到 2015 年，增加优质经济林果基地的总面积，使其达到 5333.3 公顷，初步实现经济林果的良种化，逐步建立具有代表性和典型性的优质、高效的精品基地。

到 2020 年，新发展优质经济林果基地 6666.7 公顷，实现经济林果良种化，形成优质、高效的精品基地。

5. 林下综合开发利用

在大邑、都江堰、彭州、蒲江、邛崃、双流等地，充分利用林下空间资源。采用林—药、林—菌、林—菜等模式，种植药材、食用菌、森林蔬菜、耐阴观赏花卉等；养殖小熊猫、黑熊、梅花鹿、麝、林麝、野猪、羊、兔、鸡、鸭、鹅、孔雀等野生动物（禽、畜）等。

到 2010 年，在海拔 1500~2500 米的中山区选育 3~5 个绿色森林食品（蔬菜）主栽品种；发展以黄连、食用菌、魔芋等为主的林下种植基地 3333.3~4666.7 公顷，以鸡、兔、小熊猫、黑熊、梅花鹿、麝、林麝、野猪等为主的林下养殖基地 2000~3333.3 公顷。

到 2015 年，使林下种植基地达到 4000 公顷，林下养殖基地达到 3333.3~4666.7 公顷，建立 1~2 个绿色森林食品加工厂。

到 2020 年，使林下种植基地达到 6666.7 公顷，林下养殖基地达到 4666.7~5333.3 公顷，建 2~3 个绿色森林食品加工厂。

6. 一般用材林基地

结合天然林资源保护工程和退耕还林工程的后续产业发展，对彭州、都江堰、大邑、崇州、邛崃、蒲江、双流、金堂等地的低产低效商品林进行抚育改造，并发展楠木、银杏、香樟等珍贵用材林。

到 2010 年，抚育改造 3333.3 公顷。

到 2015 年，抚育改造 53333.3 公顷。

到 2020 年，抚育改造 66666.7 公顷。

八、林木花卉种苗建设工程

（一）建设目标

到 2010 年，在温江、郫县等地建花卉标准化生产示范基地 3333.3 公顷；在崇州、双流、都江堰等地建林木花卉异地生产基地 6666.7 公顷；在温江建 200 公顷花卉物流集散交易中心、133.3 公顷花卉研发中心（花卉农科城）、10000 公顷的花卉生产中心，使其成为中国西部的花卉苗木销售集散中心。全市林木花卉种苗面积发展到 16666.7 公顷，花木销售收入达 70 亿元，花木种植户达 4 万户，花木资产达到 55 亿元。林木种苗基地供种率达到 85%，审（认）定良种推广率达到 100%，林木良种使用率达到 70%，苗木受检率达到 95%，林木种子受检率达到 95%。

到 2015 年，年林木花卉种苗基地面积达到 20833.3 公顷以上，花木销售收入达 100 亿元；加强林木良种基地建设，将原有 3 个总面积为

333.3 公顷的良种基地的良种使用率提高到 90%；完善种苗质量标准建设，苗木受检率达到 98%，种苗自检率达 90%，种子受检率达 95%；着手培育并建成 6 家年产值超过 1000 万元的种苗龙头企业以及 120 个年产值 10 万元以上的育苗大户；重点培育 1 个区域性林木种苗中心市场和 2 个花卉苗木交易市场。

到 2020 年林木花卉种苗基地面积达到 26666.7 公顷以上，花木销售收入达 120 亿元；林木良种基地 3 个，总面积 333.3 公顷，主要造林树种良种使用率达 100%；完善种苗质量标准建设，种苗自检率达 95%，种子受检率达 95%；培育建成 10 家年产值超过 1000 万元的种苗龙头企业以及 200 个年产值 10 万元以上的育苗大户；培育 2 个区域性林木种苗中心市场和 3 个花卉苗木交易市场（表 6-9）。

表 6-9　林木种苗花卉产业工程规划表　　单位：公顷

项目名称	规划地点	近期（2007~2010 年）	中期（2011~2015 年）	远期（2016~2020 年）	备注
城乡绿化苗木生产基地	温江、郫县、崇州、都江堰等	14666.7	18000	21333.3	定向培育城乡绿化树种
盆花、鲜切花生产基地	锦江、郫县、温江等	666.7	2000	3333.3	
造林树（竹）种苗木生产基地	林木良繁中心、金堂、彭州、崇州、邛崃及国营苗圃等	333.3	333.3	333.3	定向培育原料林基地建设种苗
经济林苗木生产基地	龙泉、金堂、双流等	500	500	500	
乡土树种母树林及种质资源基因库	崇州、大邑、邛崃、金堂、彭州、都江堰等	500	833.3	1166.7	国家、省、市专项资金营建母树林、种子园
合计		16666.7	20833.3	26666.7	

（二）建设内容

1. 生产基地建设

（1）城乡绿化苗木生产基地：在温江、郫县、崇州、都江堰等地建城乡绿化苗木生产基地，主要为城乡绿化提供优质苗木，主要以银杏、桂花、楠木、天竺桂、杜英、黄葛树、木兰、木莲、海棠、栾树、樱花等为主。

到 2010 年，基地建设总规模 14666.7 公顷；到 2015 年，基地建设总规模 18000 公顷；到 2020 年，基地建设总规模 21333.3 公顷。

（2）盆花、鲜切花生产基地：在锦江、郫县、温江等地建盆花、鲜切花生产基地，主要生产丽格海棠、凤仙花、仙客来、一串红、菊花、矮牵牛、百日草等。到 2010 年，基地建设规模 666.7 公顷；到 2015 年，基地建设规模 2000 公顷；到 2020 年，基地建设规模 3333.3 公顷。

（3）造林苗木生产基地：在林木良繁中心和彭州、崇州、邛崃、金堂及各国营苗圃建立造林苗木生产基地，主要以优良桉树、杨树、桤木、枫杨、喜树、厚朴、杜仲、黄柏、雷竹、牛尾竹等为主。到 2010 年，使育苗面积达 333.3 公顷；到 2015 年，保证面积达 333.3 公顷的前提下，完善基础设施建设，使生产水平得以提高；到 2020 年，将育苗面积稳定在 333.3 公顷，在较高林木生产水平的基础上全部实现标准化育苗。

（4）经济林苗木生产基地：在龙泉、金堂、双流等地建立经济林苗木生产基地，因地制宜，提高产能，主要以枇杷、葡萄、桃、李、梨、柚、柑橘等优良品种为主。到 2010 年，生产规模达到 500 公顷；到 2015 年，在保证生产规模达到 500 公顷的前提下，继续加强基础配套设施建设；到 2020 年，使育苗面积稳定在 500 公顷，加强优良品种的精选，全部实现标准化育苗。

（5）乡土树种母树林及种质资源基因库：在金堂、彭州、都江堰、崇州、大邑、邛崃等地建立乡土树种母树林及种质资源基因库，以桤木、枫杨、喜树、香樟、厚朴等为主。到 2010 年，建设规模达到 500 公顷；到 2015 年，建设规模达到 833.3 公顷；到 2020 年，新建设基因库 1166.7 公顷（表 6-9）。

2. 交易中心建设

到 2010 年，在温江以第六届花卉博览会会址为基础建 200 公顷林木花卉苗木物流集散中心，在 IT 大道郫县境内建设 666.7 公顷的基地型花木市场，健全苗木流通所必须的植物检验、品种（系）认定、科技咨询、纠纷处理等机构，成为中国西部最大的花卉苗木销售集散中心之一。在金牛区、郫县以沙西线为主轴建立和完善西部花卉交易市场，规范锦江区鲜花交易市场。

到 2015 年，在保证总面积为 866.7 公顷的林木和花卉交易市场建成的基础上，进一步完成全市花卉交易市场的较规范管理。

到 2020 年，完成全市花卉交易市场的规范管理。

3．研发中心建设

到 2010 年，利用温江的花卉资源基础和优势，通过引进科研单位、大型种苗生产企业，在温江建 133.3 公顷花卉研发中心（花卉农科城），每年进行 30~50 个优良（品）种试验示范，制定林木花卉种苗生产技术标准。

到 2015 年，进一步健全、完善全市花木的研发体系，为实现该体系的科学、合理及可行奠定基础。

到 2020 年，健全、完善全市花木研发体系。

九、林业产业加工与流通工程

（一）建设目标

到 2010 年，形成年产达 100 万立方米的人造板生产能力；培育 20 个拥有四川著名品牌的林产品加工优势企业；培育 5 个年销售总额过 20 亿的林产品交易市场。

到 2015 年，形成 13 个以上的国内著名林产品品牌，保证原有 5 个年销售总额过 20 亿的林产品交易市场和 5 个林产品加工集群片区的林产加工和流通。

到 2020 年，形成 20 个以上的国内著名林产品品牌，进一步系统和完善 5 个年销售总额过 20 亿的林产品交易市场和 5 个林产品加工集群片区的林产加工和流通。

（二）建设内容

1．木竹人造板生产

到 2010 年，重点支持 5~8 个 10 万立方米以上的木竹加工企业，通过改扩建和新建生产线，形成 100 万立方米的人造板生产能力。

到 2015 年，逐步形成 2~3 个国内著名的木竹人造板产品品牌。

到 2020 年，进一步提高原有知名品牌的产能，加强质量监督，形成 3~4 个国内著名的木竹人造板产品品牌。

2．竹浆、竹笋及竹制品规模生产

在邛崃等地引导建设 1~2 家大型竹浆造纸企业，在崇州、大邑、彭州等地培植 3~5 家竹工艺加工龙头企业，在龙泉、双流、都江堰、崇州等地培植 3~5 家竹笋加工龙头企业，在双流、蒲江、大邑、崇州等地培

植 5~8 家竹材加工龙头企业，形成完善的竹产业链。

到 2010 年，竹浆生产能力达到 100 万吨，鲜笋加工能力达到 60 万吨。

到 2015 年，竹浆生产能力达到 160 万吨，鲜笋加工能力达到 85 万吨。

到 2020 年，竹浆生产能力达到 200 万吨，竹笋加工能力达到 100 万吨。

3. 经济林产品及林化加工

到 2010 年，经济林产品年储藏保鲜能力、果品加工能力分别达到 60 万吨和 30 万吨，产品商品化处理率达到 50%，在蒲江、彭州、都江堰等盆地周边山区改扩建和新建 10~15 家药材、芳香油等加工企业，使经济林产品的初加工能力达到 4000 吨。

到 2015 年，在都江堰、蒲江等盆地周边山区改建或新建木本药材初加工企业 1~3 家，使初加工能力达 3000~8000 吨，使植物药初提物生产能力达到 900 吨；在盆周山区等地改扩建和新建活性炭加工企业，形成 6000 吨的年生产能力。

到 2020 年，在都江堰等盆地周边山区改建或新建木本药材初加工企业 3~5 家，使初加工能力达 5000~10000 吨，使植物药初提物生产能力达到 1700 吨；在盆周山区等地改扩建和新建活性炭加工企业，形成 10000 吨的年生产能力。

4. 建成 5 个林产品集群加工片区

培养 20 个名品牌木质加工企业，增强品牌知名度和产品市场竞争力，在现有基础上形成 5 个林产品加工集群片区：

（1）北部产业片区：以新都、彭州为主，主要是家具制造、林药加工；

（2）西部产业片区：以邛崃、大邑、崇州市为主，主要是纸浆、板材加工和家具制造；

（3）南部产业片区：以武侯、双流为主，主要是高密度纤维板制造、家具生产和物流配送；

（4）东南部产业片区：以龙泉驿区、双流县为主，主要是森林食品（蔬菜）加工；

（5）西南部产业片区：以蒲江县、邛崃市、大邑县为主，主要是绿色有机茶生产加工。

5. 林产品销售流通

发挥成都作为西部物流、商贸中心的区位优势，建立健全管理有序的多层次林产品流通市场体系，以市场配置资源和产业政策为导向，在成都发展 5 个年销售额超过 20 亿元的木竹制品储藏、物流配送、交易中心。在新都区建设 600 公顷的四川省林产品交易中心，在崇州、大邑等地建设竹编工艺交易中心。建立健全林权交易市场，保障森林、林木和林地依法、合理、有序流转。

十、生态文化建设工程

（一）建设目标

主要通过义务植树、科普基地建设、绿地和古树名木认养、纪念林这四项工程普及生态科学知识和生态教育，培育和引导生态导向的生产方式和消费行为，形成提倡节约和保护环境的社会价值观念。要把生态文化建设作为社会主义精神文明建设的重要组成部分，使全社会树立起建设生态市的共同理想和坚持可持续发展的共同信念，实现公众、企业、决策管理者生态文明程度的显著提高，在全社会树立起"破坏生态环境就是破坏生产力，保护生态环境就是保护生产力，改善生态环境就是发展生产力"的生态观。

（二）建设内容

1. 义务植树

继承和发扬成都市自古以来悠久的植树传统，实现"绿色成都·生态家园"的共同心愿，规划在全市范围内，积极广泛开展义务植树建设工程，将清水河公园划为城区植树点，各县（市、区）应划出地方开展义务植树。可将任务下达到各单位、社区等。由组织牵头、领导带头，全民参与，形成特色鲜明、形式多样、全民互动的活动。植树成活率和保存率均不低于 85%，尽责率在 80% 以上。由于城市可用绿地非常有限，应将义务植树与重点绿化工程紧密结合，既要有效解决义务植树的用地问题，又要进一步提高城市绿化水平，并在一定程度上减少政府的财政支出。

2. 科普基地

结合实际将现有和规划建设的植物园、动物园、自然保护区、风景区等各类绿地（城市森林），进一步整体、合理地将其完善成为环境保护、科普教育和休闲娱乐等功能于一体的科普教育示范基地。同时，也可结合和利用花木生产基地建设，使得花木生产基地不仅可以满足市场用材的需求，还可以成为科普教育基地，实现其双重价值。重点针对风景区、自然保护区、动物园、植物园，配套建设科教场馆、展示厅等基础设施。

3. 绿地和古树名木认养

为进一步加强对成都市市域范围内的绿地、古树名木进行有效保护，在全市范围内积极促进并推动各县（市、区）绿地、古树名木的认养和保护管理工作。初期，可以形成一定面积的示范认养林，其中，绿地和古树名木的管护费用由管护责任单位或责任人承担。不断总结认养项目的经验，随后形成正式的文件予以全市推广，以此促进和欢迎一切热心环保事业、关心古树成长的个人、企业或社会团体前来认养绿地和古树名木。同时，计划增设相关的条款，鼓励公众参与绿地和古树名木的认养和养护管理，如捐资、认养绿地和古树名木的单位和个人可根据捐资保护和认养约定在古树名木标牌中享有一定期限的署名权等。

4. 纪念林

到 2020 年，在市域范围内促进并推动纪念林的栽植，建设各种纪念林。规划到 2010 年，市域范围内实现纪念林 200 公顷的建设；到 2015 年，市域范围内实现纪念林 250 公顷的建设；到 2020 年，使纪念林总面积达到 300 公顷。纪念林的建设，将进一步美化生活环境，丰富文化生活，陶冶精神情操，是全民参与城市绿化的一种好形式。发动社会各界通过建立各种形式的纪念林基地，为建设当地生态环境做贡献。如种植"结婚树""成才树""爱心树""生日树"等。

第七章　基础设施和科技支撑平台建设

一、资源监测与信息化管理

1．森林和绿地资源管理与动态监测信息系统

森林和绿地资源动态监测管理系统以网络数据库软件和空间数据管理系统为平台，对成都市森林和绿地资源进行整理和分析，提供丰富和实时的森林和绿地资源信息，建立森林资源管理信息系统，完善古树名木、公园、道路绿化、绿墙等园林绿地管理系统，实现森林和绿地资源信息的存储、检索和处理的自动化、规范化和系统化。

以成都绿色在线网站为基础，成立 8~10 个绿化市场信息站，基本掌握全市苗木、花卉生产基地基本情况和市场情况，逐步建立成都绿化市场管理数据库。

2．电子政务系统

通过信息技术手段，公开政务信息，提高内部办公效率，节约成本，优化办公程序。通过信息技术改造现有的政府部门形态，转变政府职能，改善为企业和市民提供服务的模式，最大程度地方便社会群体，推动社会生产力的发展和社会进步。

3．林业和园林工程管理信息系统

利用最新的 3S 技术及计算机网络技术，在完备基础地理数据库、森林和绿地资源数据库基础上用计算机辅助工程管理及决策，实现信息共享和协同办公，对项目进行科学审批、进展跟踪监测、评价验收、可视化管理等。

4．林业产业服务信息系统

利用地理信息技术、网络及数据库技术，建立成都市林业产业服务信息系统，通过信息化手段带动整个林业产业管理和服务水平的提高，实现

林业产业向数字化、科学化、规范化方向发展。

二、森林火灾防控能力建设

1. 信息指挥中心建设

重点建设 1 个市级森林消防指挥中心，建立 10 个重点林区县（市、区）的森林防火指挥分中心。

2. 森林武警与消防队伍建设

全市争取森林武警部队编制 120 人；专业森林消人员在现有 50 人基础上增加到 200 人。

3. 防火装备及预警系统建设

重点加强成都中心城区外各县（市、区）的通讯台站、防火设备、扑火装备、专用交通工具等的建设。

全面完善重点火险林区森林火险预警监测体系，在重点林区新建森林防火瞭望台和视频监控系统，在市森林防火中心建成林火卫星监测系统，林火监测能力和水平得到进一步提高。

三、病虫害防控能力建设

认真贯彻"预防为主，综合治理"的方针，强化林业和园林有害生物监测预警、检疫御灾、控制减灾等病虫害防治体系建设。建立以预警、控灾和检疫系统为主的林业和园林有害生物预警控灾体系；增加防控设施和设备；加强林业和园林病虫害防治检疫。

四、科技支撑平台建设

1. 科技创新平台建设

一是建设 3 个研究中心：林业高新技术研发中心、园林高新技术研发中心、林业和园林规划设计研究中心。二是加强四川省大熊猫遗传繁育研究重点实验室建设，争取建设成为国家行业重点实验室。

2. 成果转化平台建设

开展好彭州、崇州、都江堰、大邑、邛崃、金堂等科技兴林示范县建设；建立市级林业和园林科技示范园 14 个；建立林业和园林科技服务中心，完善 14 个县级科技推广站建设，建立健全片区 85 个林业工作站。

第八章　近期、中期建设工程投资估算与远期效益分析

一、投资估算

（一）投资估算

成都市林业和园林建设的投资估算（2007~2015 年），主要包括主城区绿化建设工程、城乡绿色健康生态走廊建设工程、森林保育工程等战略工程建设的投资，以及在这个期间需要强化的林业和园林基础设施和能力建设所需要的资金概算。成都市林业和园林重点工程与基础设施建设近期总投资约 57.834 亿元，中期总投资约 136.624 亿元（表 8-1）。

（二）资金筹措

工程投资的资金来源包括财政投资、生态补偿金、贷款扶持、社会融资、企业自筹、居民投工投劳等方面。其中,在建设总投资 35.09 亿元中,需要政府投资 29 亿元。

表 8-1 投资估算

序号	工程名称			2007~2010年投资估算（万元）	2011~2015年投资估算（万元）	估算依据
1	城区绿化建设工程	主城区公园建设和现有各类绿地	新建的城市公园	28800	97650	百仁公园、凤凰山公园、中坝公园、皇城坝公园等。建设费用按450万元/公顷计算
			提升品质特色的公园	30038	258750	大熊猫生态公园、金沙遗址公园、十陵景区、永康森林公园、植物园等
		三环路生态林带建设		40000	60000	在三环路上形成两侧各宽50米，全长约51公里的城市绿廊；在四环路内外两侧建设各500米宽的绿带和绿色生态环区；到2015年规划四环路范围内，分别在城南与城东之间建立面积约为10平方公里的常绿阔叶林自然风貌郊野公园，在城西建立面积为2~5平方公里的成都平原竹林盘以及高大竹类郊野公园，在城东北建设水源涵养林、水土保持林和城市氧源林等多种效益相互结合的城市森林，并进一步形成风景林郊野公园
		四环路绿地特色建设	四环路生态林带	140000	310000	
			亚热带常绿阔叶林森林公园	650	1250	
			城西川西林盘竹类郊野公园	580	980	
		成都市中心城区林荫大道规划建设		5000	11000	在2007~2015年内，21条干线和其他道路绿化建设，主要林荫干道绿化构架
		城市屋顶绿化及垂直绿化		1000	2200	到2010年，全市屋顶（12层以下）和墙体绿化达到300万平方米；到2015年，全市屋顶（12层以下）和墙体绿化达到400万平方米；到2020年，全市屋顶（12层以下）和墙体绿化达到480万平方米
		绿墙建设		800	1200	该项目围墙总长50公里，总围墙数为280个，建设费用约20万元/公里
		街旁游园（绿地）建设		6000	14000	到2010年，市区规划建设小游园250个，每个面积500~2000平方米不等，总面积约25公顷；到2015年，市区规划建设小游园300个，总面积34公顷
		公园防灾避险绿地		12000	27643.49	

（续）

序号	工程名称	2007~2010 年投资估算（万元）	2011~2015 年投资估算（万元）	估算依据
小计	2007~2010 年：264868 万元		2011~2015 年：784673.5 万元	
2	城乡绿色健康生态走廊建设工程	9000	16000	"光华大道—温玉路—青城山"健康廊道的建设。它是西向的绿廊，起始于成都市中天府广场，经过光华大道、温江城南大道、温江青龙桥、万春镇、温玉路，直达寿安镇，通过都江堰市的柳街镇、安龙镇、大观镇，最终到达青城山风景区。近期建设总长度为 110 公里。其结构布局是"一轴·三段·三环·多点"。建设费用约 82 万元/公顷
小计	2007~2010 年：9000 万元		2011~2015 年：16000 万元	
3	山丘森林保育工程 天然林资源保护工程	15000	28000	生态公益林：到 2010 年，完成天保公益林人工造林 12006 公顷，实施森林管护面积 38178.4 公顷；到 2015 年，完成天保公益林人工造林 12259.3 公顷，森林管护面积 50184.4 公顷； 封山育林：至 2010 年实现封山育林 60936.2 公顷；至 2015 年达到 62154.9 公顷
	退耕还林生态修复工程	75317	126143	到 2010 年，按国家《退耕还林条例》有关规定，继续抓好已完成的 30348.9 公顷退耕还林和 3364.8 公顷荒山造林的管理； 到 2015 年，实现 30955.5 公顷退耕还林和 34287.2 公顷荒山造林的科学管理
	成都市东部山丘植被保护与恢复重建工程	31306.7	52178	到 2015 年，规划在成都市东部山丘区形成"一带四廊九片多点"的布局结构。该项目建设总投资 83484.7 万元
小计	2007~2010 年：121623.7 万元		2011~2015 年：206321 万元	

（续）

序号	工程名称			2007~2010 年投资估算（万元）	2011~2015 年投资估算（万元）	估算依据
4	湿地与野生动植物保育工程	湿地	大观千亩荷塘	3502.5		到 2010 年，完成大观千亩荷塘、生态观光湿地的恢复建设，面积为 153.4 公顷；到 2015 年，完成羊马湿地建设、十方塘湿地一期工程和关口湿地一期工程，湿地保护小区的面积达到 1300.2 公顷，总数 4 个；总投资包括拆迁安置及总体规划设计等，建设投资按 75 万元/公顷计
			生态观光湿地	7950		
			羊马湿地		25950	
			十方塘湿地		30000	
			关口湿地		30000	
		自然保护区	龙溪—虹口自然保护区	1922.4	2300	野生动植物保护按国家相关规定定额拨款
			鞍子河自然保护区（大熊猫）	456.3	817	
			白水河自然保护区（大熊猫）	1357.7	1623	
			黑水河自然保护区	1791.4	2100	
		自然保护小区建设	西北部山区	80	100	建设邛崃天台山禁猎区等 8 个自然保护小区
			东部丘陵区和中部平原区	60	75	保护和建设朝阳湖、石象湖、长滩湖、龙泉湖、白鹤湖等野生动物相对集中的栖息地，建立自然保护小区，建成 5~6 个示范小区。到 2010 年，完成上述自然保护小区规划和初建；到 2015 年，完成基础设施建设
		市级自然保护区建设	市域范围内共 5 个	1000	2500	每个市级自然保护区约 500 万元
			野生动物驯养繁殖	300	800	发展壮大梅花鹿、猕猴、黑熊、林麝、蛇类、雉类等野生动物驯养繁殖产业。预计每年需投入资金 100 万元
			大熊猫可食用竹基地	120	300	建设大熊猫可食用竹基地 666.67 公顷。预计每 66.7 公顷需资金 30 万元

（续）

序号	工程名称		2007~2010年投资估算（万元）	2011~2015年投资估算（万元）	估算依据
4	湿地与野生动植物保育工程	鸟迁徙观测点	450	900	在崇州市文锦江镇鹞子岩，金堂县盐井镇老牛坡，龙泉驿区龙泉湖、白工堰、山门寺等地建立禽流感防控候鸟迁徙观测点6个。预计每个站点建设管理需要150万元
		人工驯化培育试验推广基	500	1500	建立野生观赏植物，药用、食用植物人工驯化培育试验推广基地3个。预计每个站点建设及管理需资金500万元
		生物多样性观赏站点	900	1800	建立金丝猴、猕猴、羚牛、小熊猫、鸟类，以及高山杜鹃、高山草甸、森林湖泊、红叶、珙桐、竹海、瀑布等生物多样性观赏站点12个。预计每个站点建设及管理需资金150万元
小计	2007~2010年：20390.3万元		2011~2015年：100765万元		
5	生态旅游工程	森林公园	82870	90450	坚持"立足保护、适度开发、引资共建、突出特色"的方针，加强天台山、龙池、西岭雪山、鸡冠山等现有8个国家级、省级森林公园的基础设施和服务体系建设；加快莲花湖森林公园、毛家湾森林公园、三圣森林公园等10个市级森林公园的规划和建设，把其中的3~5个提升为省级森林公园，进一步开展各级森林公园的建设和评选。到2010年，森林公园总数达到23个，新增静惠山森林公园、云顶山森林公园、白鹤山森林公园、竹溪湖森林公园、二龙山森林公园，森林公园总面积达到91327公顷；到2015年，森林公园总数达到28个，新增龙泉花果山森林公园、柏合镇森林公园、烟霞湖森林公园、石象湖森林公园、长滩湖森林公园，森林公园总面积达到93136.5公顷

（续）

序号	工程名称			2007~2010年投资估算（万元）	2011~2015年投资估算（万元）	估算依据
5	生态旅游工程	湿地公园	北湖湿地公园	640	1400	建设费用约15.30万元/公顷
			南湖湿地公园	320	1200	建设费用约22.8万元/公顷
			青龙湖湿地公园	300	1100	建设费用约21万元/公顷
			西湖湿地公园	600	1500	建设费用约15.7万元/公顷
小计	2007~2010年：84730万元　　2011~2015年：95650万元					
6	新农村绿色家园建设工程		川西林盘的保护和建设工程	12500	87500	到2010年全市完成2500个林盘聚居点保护规划； 到2015年，再完成5700个林盘聚居点保护规划； 按5万元/个计
			新农村新社区建设工程	37300	45300	到2010年，规划建设373个新农村新社区； 到2015年，规划建设453个新农村新社区； 按100万元/个计
			乡村休闲观光建设工程	10000	15000	使农家乐数量达到12000~15000余家，重点建设3个乡村生态旅游特色片区
小计	2007~2010年：59800万元　　2011~2015年：147800万元					

（续）

序号		工程名称	2007~2010年投资估算（万元）	2011~2015年投资估算（万元）	估算依据
7	林业产业原料林基地建设工程	短轮伐工业原料林基地	5000	4500	到2010年，新造林33333.3公顷，其中在大邑、邛崃、蒲江、崇州等邛崃山脉区新建13333.3公顷，在金堂、青白江、龙泉、双流等龙泉山脉区新建13333.3公顷，在彭州、新津等地新建6666.7公顷； 到2015年，新造短轮伐工业原料林基地30000公顷，在邛崃山脉等区域造林18666.7公顷，其他地区造林11333.3公顷。按750元/公顷计
		竹产业基地	2950	3640	到2010年，在双流、新津、蒲江等地改造麻竹、吊丝球竹等笋材两用竹基地6666.7公顷；依托造纸企业在邛崃、大邑、崇州、蒲江、双流、彭州等地，建设以慈竹、绵竹、楠竹、杂交竹为主的材用竹基地3333.3公顷，慈竹更新复壮18000公顷；在都江堰、崇州、双流等地建设以方竹、雷竹、牛尾竹为主的笋用竹基地3333.3公顷； 到2015年，在邛崃、大邑、崇州、蒲江、彭州等地发展材用竹8666.7公顷，慈竹更新复壮13333.3公顷；在崇州、都江堰、双流、彭州等地发展笋用竹达到13333.3公顷； 新建按1200元/公顷计，复壮按750元/公顷计
		林药基地	900	600	到2010年，在都江堰、彭州、大邑等地新发展厚朴、黄柏、杜仲、黄连、乌梅等林药种植基地6666.7公顷，其中建立中药材规范化种植技术（GAP）示范基地3333.3公顷； 到2015年在都江堰等地新发展10000公顷林药基地。种植基地按600元/公顷计，示范基地按1500元/公顷计
		优质经济林（果）基地	1250	400	到2010年，在龙泉山脉及龙门山脉等区域新发展优质经济林果基地3333.3公顷，改造低质低效经济林果13333.3公顷； 到2015年，增加优质经济林果基地的总面积，使其达到5333.3公顷。按750元/公顷计

（续）

序号	工程名称		2007~2010年投资估算（万元）	2011~2015年投资估算（万元）	估算依据
7	林业产业原料林基地建设工程	林下综合开发利用	700	900	到2010年，选育3~5个绿色森林食品主栽品种，种植基地3333.3~4666.7公顷，林下养殖基地2000~3333.3公顷；到2015年，使林下种植基地达到4000公顷，林下养殖基地达到3333.3~4666.7公顷。种植基地按750元/公顷计，养殖基地按1500元/公顷计
		一般用材林基地	1000	1600	到2010年，抚育改造33333.3公顷；到2015年，抚育改造53333.3公顷。按300元/公顷计
小计	2007~2010年：11800万元		2011~2015年：11640万元		
8	林木种苗花卉建设工程	生产基地建设 / 城乡绿化苗木生产基地	500	613	到2010年，基地建设总规模14666.7公顷；到2015年，基地建设总规模18000公顷
		盆花、鲜切花生产基地	50	150	到2010年，基地建设规模666.7公顷；到2015年，基地建设规模2000公顷
		造林苗木生产基地	100	100	到2010年，使育苗面积达333.3公顷；到2015年，保证面积达333.3公顷的前提下，完善基础设施建设，使生产水平得以提高
		生产基地建设 / 经济林苗木生产基地	150	40	到2010年，生产规模达到500公顷；到2015年，在保证生产规模达到500公顷的前提下，继续加强基础配套设施建设
		乡土树种母树林及种质资源基因库	150	250	到2010年，建设规模达到500公顷；到2015年，建设规模达到833.3公顷

（续）

序号	工程名称		2007~2010年投资估算（万元）	2011~2015年投资估算（万元）	估算依据
8	林木种苗花卉建设工程	交易中心建设	1000	200	到2010年，在温江以第六届花卉博览会会址为基础建200公顷林木花卉苗木物流集散中心，在IT大道郫县境内建设666.7公顷的基地型花木市场，健全苗木流通所必须的植物检验、品种（系）认定、科技咨询、纠纷处理等机构，成为中国西部最大的花卉苗木销售集散中心之一；到2015年，在保证总面积为866.7公顷的林木和花卉交易市场的建成的基础上，进一步完成全市花卉交易市场的较规范管理
		研发中心建设	1000	180	到2010年，利用温江的花卉资源基础和优势，通过引进科研单位、大型种苗生产企业，在温江建135.3公顷花卉研发中心（花卉农科城）；到2015年，进一步健全、完善全市花木的研发体系，为实现该体系的科学、合理及可行奠定基础
小计	2007~2015年：2950万元		2011~2015年：1533万元		
9	林业产业加工与流通工程	木竹人造板生产	220	180	到2010年，重点支持5~8个10万立方米以上的木竹加工企业，通过改扩建和新建生产线，形成100万立方米的人造板生产能力；到2015年，逐步形成2~3个国内著名的木竹人造板产品品牌
		竹浆、竹笋及竹制品规模生产	140	100	到2010年，竹浆生产能力达到100万吨，鲜笋加工能力达到60万吨；到2015年，竹浆生产能力达到160万吨，鲜笋加工能力达到85万吨

（续）

序号	工程名称	2007~2010年投资估算（万元）	2011~2015年投资估算（万元）	估算依据
9	林业产业加工与流通工程	经济林产品及林化加工	120	80	到2010年，经济林产品年储藏保鲜能力、果品加工能力分别达到60万吨和30万吨，产品商品化处理率达到50%，在蒲江、彭州、都江堰等盆地周边山区改扩建和新建10~15家药材、芳香油等加工企业，使经济林产品的初加工能力达到4000吨； 到2015年，在都江堰、蒲江等盆地周边山区改建或新建木本药材初加工企业1~3家，使初加工能力达3000~8000吨，使植物药初提物生产能力达到900吨；在盆周山区等地改扩建和新建活性炭加工企业，形成6000吨的年生产能力
		建成5个林产品集群加工片区	300	200	到2015年，培养20个名品牌木质加工企业，增强品牌知名度和产品市场竞争力，在现有基础上形成5个林产品加工集群片区
		林产品销售流通	400	300	到2015年，在成都发展5个年销售额超过20亿元的木竹制品储藏、物流配送、交易中心。在新都区建设600公顷的四川省林产品交易中心，在崇州、大邑等地建设竹编工艺交易中心
小计	2007~2015年：1180万元　2011~2015年：860万元				
10	森林灾害防控和森林资源保护能力建设工程	2000	1000	到2015年，建设内容包括消防系统、森林检测系统、信息系统等
小计	2007~2015年：2000万元　2011~2015年：1000万元				
合计	2007~2015年：578342万元　2011~2015年：1366242万元				

（备注：以上工程估算均未涉及土地及其流转等相关价值的计算）

二、效益分析

各项工程的实施（2007~2020 年），将对成都市域产生巨大的生态、经济和社会效益。

（一）生态效益

生态效益体现在城市森林的调节气候、涵养水源、保持水土、净化空气、美化环境等方面。城市森林建设的各项工程实施后，将增加城市森林 477.4 平方公里。根据四川省林业科学研究院统计数据的收集、整理和数据测算的分析研究方法，初步估算出 2020 年成都市新增城市森林的生态效益价值的年产出为 66.39 亿元。

依据与之相关的城市森林资源价值体系研究，现以 2020 年成都市新增城市森林生态效益价值的年产出 66.39 亿元为预期目标值，并以 2007 年成都市新增城市森林生态效益价值的年产出 64.10 亿元为基期值，根据相关研究及经验数据，预计未来 14 年成都市城市森林覆盖率近期（2007~2010 年）每年以 0.5%、中远期（2011~2020 年）每年以 0.2% 的速度递增，成都市城市森林生态效益价值与之同步增长，则 2010 年新增城市森林的生态效益价值的年产出为 65.07 亿元，成都市新增城市森林未来 15 年的生态效益价值总和约为 916.23 亿元（未按一定的折现率折算为现在值，表 8-2）。

表 8-2　生态效益分析表

序号	名称	各指标均值
1	减少土壤侵蚀量	年均 72.2 万吨
2	水源涵养能力	2400 万立方米 / 公顷
3	吸收 CO_2	867 万 ~1733 万吨 / 年
4	释放 O_2	649 万 ~1299 万吨 / 年
生态效益总值	916.23 亿元	

1. 减少水土流失

森林具有保持水土的能力，据四川省森林生态效益定位站研究资料测算，自两大林业生态工程实施以来，成都市森林植被累计减少土壤侵蚀量 1010.8 万吨，年均减少土壤侵蚀量 72.2 万吨。

2. 涵养水源

森林生态定位通过植被冠层、枯枝落叶层和土壤对降雨进行再分配，将地壳水变为地下水，形成"森林水库"。

根据四川省森林生态效益定位研究数据测定，四川省每公顷森林含水量达 2000 立方米，成都市森林年涵养水源达 86.7 亿立方米，成都市森林覆盖率每增加一个百分点，可增加水源涵养能力约 2400 万立方米。

3. 平衡碳、调节气候

据四川省林业科学研究院研究报告，每公顷森林平均每年可吸收二氧化碳 20~40 吨、放出氧气 15~30 吨。成都市森林每年可吸收二氧化碳为 867 万 ~1733 万吨，放出 649 万 ~1299 万吨氧气，具有极大的节能减排的作用。并且，湿地的存在对于稳定成都气候也发挥着极大的作用。

4. 改善人居环境

据研究，每公顷城市森林每年可吸收二氧化碳 30~60 公斤，噪声经过 30 米宽的林带，可减少 6~8 分贝；城市行道林带减尘效果可达 68.1%~89.2%；进入林冠的太阳辐射，可被林冠吸收 35%~37%，反射 20%~25%，起到良好的降温作用。大气中正常的负氧离子浓度为 800~1000 个 / 立方厘米，但在工业城市仅 100 个 / 立方厘米左右，而森林和林木恰有释放负氧离子的作用。因此，保护和培育森林资源、推进城乡统筹是改善人居环境，统筹人与自然和谐发展的重要途径。

5. 贮存战略资源

截至 2007 年年底，成都市林业系统已建立森林和野生动植物、湿地、荒漠等各种类型的自然保护区 4 个，保护管理面积达 13 万公顷，占成都国土面积的 10.8%。自然保护区基本涵盖了全市天然林区生物多样性最丰富的精华地带、自然风光最优美的名山大川以及其他物种富集区，形成了类型多种多样、保护价值极高的网络体系。保护区的圈定和建设为动植物的生存繁衍创造了良好的环境，促进了全市生物多样性保护，为国家未来发展贮存了生物基因和战略资源。

6. 生态服务价值显著

根据四川省林业科学研究院研究成果对全市森林所提供的涵养水源、保育土壤、固定二氧化碳和供给氧气的价值进行了测算。结果表明实施林业生态工程以来，全市森林提供的这三类生态服务价值累计为 470.82

亿元，年均生态服务价值 33.63 亿元。

（二）经济效益

森林资源分为物质形态资源和非物质形态资源，其中物质形态资源包括生物资源和土地资源。本项目的经济效益是指来源于森林物质形态资源的林地、林木和经济资源的直接收益。

到 2010 年，全市生态环境进一步改善，森林生态系统整体功能进一步增强，森林覆盖率达到 38%，林木蓄积价值约为 7.96 亿元，林业产值达到 300 亿元，提供 100 万个就业岗位，林产业覆盖农户 40 万户，林区 130 万农民收入提高，农民生产生活条件明显改善，实现生态产业化，产业生态化。预计 2015~2020 年，全市森林覆盖率达到 40%，林木蓄积价值约为 9.86 亿元，林业产值达到 800 亿元，初步建成资源丰富、布局合理、功能完备、结构稳定、优质高效的现代林业体系，实现森林资源总量有较大增长。生态人居和生态屏障初步构成，林业产业带动作用明显，基本满足社会经济可持续发展的需求。

（三）社会效益

规划实施后，社会效益体现为将建成比较完备的林业生态、产业和森林资源安全保障三大体系，为建设空气清新、环境优美、生态良好、人与自然和谐、经济社会全面协调可持续发展的生态城市奠定基础。

十项重点工程的实施，将为社会提供大量就业机会。果品生产带动果品加工业、运输业发展，以及森林旅游业等行业的快速发展，将对加快地方经济发展、增加农民收入、解决"三农"问题有很好的推动作用。此外，森林的增加，城乡生态环境的改善，有利于提升成都市的综合竞争力，促进招商引资，对构筑和谐社会、建设生态文明具有重大意义。

第九章　保障措施

一、政策法规保障

（一）修订完善城乡国土绿化的有关法规、办法

根据现代林业和园林发展改革的要求，在总结实施《中华人民共和国森林法》《中华人民共和国野生动物保护法》《成都市城市园林绿化条例》《成都市城市绿线管理实施办法》等法律法规的基础上，制定和出台《成都市绿地建设管理办法》《成都市主要绿化树种种植指导意见》等相关规范性文件，加强制订生态公益林补偿、林权权属争议处理、林业和园林工程质量监管、林业产业政策等办法，修订完善城市园林异地绿化费补偿办法等法规。

（二）进一步加大城乡绿化的执法力度

建立完善执法监管体系，强化林业和园林部门的执法监管。充分利用核查、监督、通报、奖惩和警示教育等手段，督促各项法律法规的落实；充分发挥人大、人民群众和各种媒体的作用，充分开展林业和园林行政复议，保证林业和园林建设法规能够得到客观公正的执行；加强城乡国土绿化行政执法机构的基础建设，运用现代科技和网络技术，建立林业和园林行政执法案件统计、案卷评查，林业和园林行政许可公开发布、业务管理、网上许可信息管理系统，实现城乡国土绿化行政执法管理的现代化。加强执法人员的教育培训，提高执法人员的素质，提升城乡绿化行政执法水平。

（三）加强绿化普法宣传教育

加强城乡绿化的法制宣传教育，形成良好的普法、学法、用法、执法的良好氛围。将城乡国土绿化的相关法制宣传教育作为发展林业和园林的

第一道工序来抓，认真组织开展好林业普法和依法治林工作，努力提高全民的法律意识、生态道德意识；采取有力措施，努力实现由内向型普法向外向型普法的拓展，建立和完善内外结合、上下联动、运作有序的城乡绿化普法宣传体系，不断增强全社会爱林、护林意识，为林业和园林改革发展创造良好的外部环境。报刊、电视等媒体要重视该规划的落实，采取生动活泼的形式进行宣传报道。

（四）推动城乡国土绿化的社会化

推动城乡国土绿化规划的全面实施是一个庞大的社会系统工作，在空间上具有广阔性，时间上具有长期性，投入上具有多元性，实施上具有社会性。主要的保障措施有：

（1）坚持开展"森林式单位""森林式社区"等内容的创建活动；并逐步扩展上升为创建"森林小区""森林城镇""森林城区"的活动。

（2）继续抓好全民义务植树；开展各种形式、市民广泛参与的纪念性林地植绿、认植养植活动；鼓励企业建设公园、生态公益林、休闲性绿地；多层次建设花卉产业和苗圃等，举办花卉展，推动全社会搞绿化，巩固森林城市建设成果。

（3）发动市民绿化屋顶、阳台、墙面，增加绿化覆盖率和绿视率，形成具成都特色的立体绿化。

（4）深化综合配套改革，激发林业、园林企业活力，加大金融信贷扶持力度，吸引社会投资。

（五）加强城乡绿化的生态用地保护

（1）严格遵照国家规定，规划城乡国土绿化生态建设用地，从根本上改变生态用地规划滞后于城市建设发展的现象，开创城乡国土绿化建设的新局面。

（2）依法治绿，确保城乡国土绿化成果。凡涉及占用绿地的建设项目原则上不予批准，市政工程或其他符合城市总规的建设项目确因避让不开需占用绿地，应设法通过其他渠道弥补绿地面积的减少；对违规侵占林地、城市绿地等破坏绿化成果的行为，要依法严格处罚。

（3）严格落实城市绿线管理制度。城市绿线范围内不得新建、改建或扩建不符合绿地规划的各类建筑物、构筑物或其他设施。在绿线控制范围内，因国家重点工程建设等特殊需要，确需占用城市绿线内的绿地，或改变其用地性质的，城市人民政府应组织专家充分论证，广泛征求群众意见，在进行公示的基础上方可实施，同时必须做到占补平衡。定期向社会公布公园面积等数据，接受社会监督。

二、财政资金保障

（一）建立公共财政为主的多渠道投入体系

加大对城乡国土绿化资金公共财政投入，拓宽绿化建设融资渠道。

（1）落实生态补偿金机制，建立森林生态效益补偿制度，制定实施生态补偿标准。

（2）提高异地绿化费征收标准，促使建设和开发单位足额完成法定配套绿地面积。城市土地出让金也要安排一部分专项用于城市绿化。

（3）落实古树名木保护专款机制。

（二）调减林业税费

规范农村分配制度，理顺国家、集体和农民之间的分配关系。加大林业税收调控，调节利益分配，增加消费人群的生态建设义务，引导资金向林业投入。在加工环节征收低税率的增值税；在消费环节开征消费税，以补助生产者培育森林,调节消费者和生产者的利益关系。对加工利用木材、竹材的企业，允许用于造林抚育的资金减免所得税，让企业用所得税减免留下资金发展森林。

推动育林基金改革，通过探索"实名制"等方式，足额返还给林农和经营者，同时，将育林基金改革导致的林业部门经费缺口全额纳入财政预算，以确保林业部门工作正常运行。

三、科技与人才保障

（一）强化科技创新体系

1. 建立以市林业勘察规划设计院、林科所和园林科研所为主的技术服务和创新中心

以市林业勘察规划设计院、林科所和园林科研所为主，建立林业高新技术研发中心、园林高新技术研发中心、林业和园林规划设计研究中心。

2. 建立以四川农业大学为主的城乡绿化基础研究平台

四川农业大学是成都重要的林业和园林教学和科学研究基地。要利用四川农业大学紧邻成都的区位优势，以四川农业大学为主体，联合成都市风景园林规划设计院，建立起成都城乡绿化科技创新基础研究平台。

3. 建立以四川林科院为主的林业和园林应用研究和技术创新平台

通过四川林科院牵头，整合成都其他各具特色林业和园林科研基地，通过机制、体制创新，实行科研资源的横向联合，建立全林业和园林应用研究和技术创新平台。

4. 构建以企业为主体的民营林业和园林技术创新平台

建立以科技含量高的龙头企业为主，国有科研机构联合的民营林业和园林技术创新平台。企业和民营科技组织通过大学和研究机构的参与，缩短与国有科研究机构的差距，并通过合作研究加快产品的更新换代，提高企业的竞争能力。

5. 加强与成都市内各大学相关专业的科研合作

四川大学、西南交通大学等学校的景观设计、园林、生态、生物、环境专业有着较高的理论研究水平，加强这些相关专业的科研合作，可以完善成都市的科技创新体系。

（二）提升科技服务和推广能力

1. 构建以"政府为主、社会参与"的新型城乡绿化科技服务和推广体系

通过标准站建设、岗位培训，加大基层推广队伍建设，完善政府城乡国土绿化科技推广机构，提升推广能力。创建政府推广机构主导，科研、教学、协会等技术服务组织带动，绿化企业和绿化专业户拉动，技术人员、示范户和林农互动的新型林业和园林科技推广网络。创建一种由政府推动，科技人员与林业和园林企业、林农合作，利益共享的科技推广新模式。

2. 以城乡绿化科技示范园建设为龙头的科技示范网络体系

在政府的大力支持下，应用高新技术和现代企业管理方法，通过引进、示范、吸收、创新、生产、推广，充分体现新技术、新产品和规模示范的优势，建立城乡国土绿化科技示范网络体系。由成都市农林科学院和成都植物园组建一个集科研、示范、推广、培训、科普于一体的成都城乡国土绿化科技示范园，带动全市绿化科技示范园的发展；加强科技兴林示范县、乡、村建设。建立起由科技示范园和科技兴林县、乡、村组成的绿化科技示范网络体系。

3. 加强绿化技术培训，建设科技信息平台

开展基层林业和园林职工的岗位培训和林农实用技术培训，力争每年培训林农 3 万人以上。加强林业和园林科技信息平台建设。

4. 加强林业和园林标准化体系建设

补充和完善林业和园林标准体系。在较短时间内，组织一定的专业人员，对已制定的标准进行全面的校订；尽快制定成都主要林产品质量标准；建立健全成都林产品质量安全检验监测体系；建好林产品质量检验中心，完善林产品质量安全检验检测体系，确保成都林产品质量和产品安全。

四、组织保障

（一）落实地方政府行政首长任期城乡国土绿化发展目标责任制

强化各级政府领导的林业和园林发展任期目标责任制，将森林覆盖率、人均生态休闲游憩地面积、绿化覆盖率、人均公园绿地面积、森林火灾发生率等指标纳入各级政府行政首长任期考核内容，并建立离任评价机制；把保持林业和园林机构的稳定，加强林业和园林部门的职能，健全林业和园林基层的组织等内容作为行政首长的重要工作，不断将林业和园林发展推上新的高度。

（二）强化政府林业和园林公共服务和监管体系建设

在市场经济的条件下，林业和园林主管部门的职责主要是调节林业和园林资源总量、规范市场环境、生产公共产品、提供公共服务，维护公共秩序。建立和健全政府林业和园林公共服务体系，为各类林业和园林经营主体搞好服务；加强林业和园林科技推广服务体系建设，提高科技进步对林业和园林经济增长贡献率；加强林产品流通体系建设，降低林业和园林生产经营成本和交易风险；加强林业和园林信息网络服务，优化经营决策。稳定林业和园林机构，健全林业和园林基层组织，加强林业和园林执法监管体系建设，强化对林业和园林公共服务体系和市场的监督与管理。

（三）建立健全城乡国土绿化社会服务体系

根据城乡国土绿化改革的需要，发展林业和园林中介机构，鼓励成立森林资源资产评估、保险、产权交易等中介服务组织和农民自发组织的各类专业协会。政府加强对林业和园林中介机构、专业合作经济组织的引导和行政监管，并予以支持，为林业和园林社会服务体系的发展提供良好的运行环境。

参考文献
REFERENCE

1. 中华人民共和国国院令第 526 号《汶川地震灾后恢复重建条例》，2008.

2. 四川省统计局，国家统计局四川调查总队．四川统计年鉴（2007）．北京：中国统计出版社，2007.

3. 中国可持续发展战略研究项目组．中国可持续发展战略研究．北京：中国林业出版社，2003.

4. 《中共中央 国务院关于加快林业发展的决定》，2003.

5. 江泽慧．世界竹藤．沈阳：辽宁科学技术出版社，2000.

6. 江泽慧，等．中国现代林业．北京：中国林业出版社，1995.

7. 江泽慧．加快城市森林建设，走生态化城市发展道路．中国城市林业，2003，1（1）：4~11.

8. 彭镇华．中国城市森林．北京：中国林业出版社，2003.

9. 彭镇华．中国城乡乔木．北京：中国林业出版社，2003.

10. 彭镇华．林网化与水网化——中国城市森林建设的核心理念．中国城市林业，2003，1（2）：4~12.

11. 彭镇华．乔木在城市森林建设中的空间效益，中国城市林业，2004，2（3）：1~7.

12. 彭镇华．中国森林生态网络系统工程．应用生态学报，1999，10（1）：99~103.

13. 彭镇华．上海现代城市森林发展研究．北京：中国林业出版社，2003.

14. 彭镇华，王成．论城市森林的评价指标．中国城市林业，2003，1（3）：4~9.

15. 王成，彭镇华，陶康华．中国城市森林的特点及发展思考．生态学杂志，2004，23（3）：88~92.

16. 王成．城镇不同类型绿地生态功能的对比分析．东北林业大学学报，2002，3：111~114.

17. 沈国舫．对世界造林发展新趋势的几点看法．世界林业研究，1988，1（1）：21~27.

18. 黄鹤羽．我国林业科技的发展趋势与对策．世界林业研究，1997，（1）：43~51.

19. 黄鹤羽，盛炜彤．我国人工林地力衰退现状与对策．中国林业，1994（8）：35~36.

20. 沈照仁．人工造林与持续经营．世界林业研究，1994，7（4）：8~13.

21. 中华人民共和国林业部林业区划办公室．中国林业区划．北京：中国林业出版社，1987.

22. 张建国，吴静和．现代林业论．北京：中国林业出版社，1996．

23. 陈廉．揭开林业税费过重神秘面纱．中国林业，1999，5．

24. 陈晓倩．论林业可持续发展中的资金运行机制．北京：中国林业出版社，2002．

25. 陈幸良．国家机构改革的基本取向与林业行政体系的建立．林业经济，2003，2，49~51．

26. 张颖．循环经济与绿色核算．北京：中国林业出版社，2006．

27. 郝燕湘．中国林业产业发展方向及政策要点．中国林业产业，2005，（1）：10~13．

28. 杜彦坤．我国农林业企业管理创新的战略构想．调研世界，2001，21~24．

29. 国家林业局．林业经济统计资料汇编．北京：中国林业出版社，2003．

30. 洪菊生，王豁然．世界林木遗传、育种和改良的研究进展和动向．世界林业研究，1991，4（3）：7~11．

31. 侯元兆．国外林业行政机构现状及演变趋势．世界林业研究，1998，（1）：1~6．

32. 胡慧璋．淳安新安江水库集水区最佳森林覆盖率的探讨．浙江林业科技，1988，（2）．

33. 黄枢．城市绿化的主要目标应是改善生态环境．中国花卉园艺，2002，（15）：14~16．

34. 黄晓驾，张国强，王书耕，等．城市生存环境绿色量值群的研究．中国园林，1998，（1~6）．

35. 姜东涛．城市森林与绿地面积的研究．东北林业大学学报，2001，29（1）：69~73．

36. 兰思仁．试论森林旅游业与社会林业的发展．林业经济问题，2000，3．

37. 李育才．面向21世纪的林业发展战略．北京：中国林业出版社，1996．

38. 刘德弟，沈月琴，李兰英．市场经济下林业社会化服务体系建设研究．技术经济，2001，（2）：24~27．

39. 桂来庭．从我国的城市化看我国城市森林的发展．中南林业调查规划．1995，（4）：24~31．

40. 肖正泽．林业科技推广的保障机制与激励机制初探．湖南林业科技，2001，23（3）：83~84．

41. 徐益良，林雅秋，林宇，等．21世纪福建林业产业发展趋势与结构调整．林业经济问题，2001，21（4）：193~196．

42. 杨一波．加入WTO后林业行政行为的思考．湖南林业，2000，9：13~14．

43. 张守攻，等．森林可持续经营导论．北京：中国林业出版社，2001．

44. 张金池，胡海波．水土保持及防护林．北京：中国林业出版社，1996．

45. 曾华锋，王晓南．江苏省森林生态系统多元化融资渠道及政策研究．林业经济，2001，7~9．

46. 翟丽红，杨艺．关于促进我国第三产业发展的战略思考．长春师范学院学报，2002，（6）．

47. 祝列克．解放思想，开拓创新，扎实有效地推进速丰林建设工程．林业经济，2002，（8）：11~15．

附　件
APPENDIX

附件 1

《成都市城乡国土绿化发展总体规划》
编制单位

1. **项目名称**

    成都市城乡国土绿化发展总体规划

2. **委托单位**

    成都市林业和园林管理局

3. **编制单位**

    中国林业科学研究院

    成都市风景园林规划设计院

    北京林业大学

    四川省林业科学研究院

    成都市林业科学研究所

附件 2

《成都市城乡国土绿化发展总体规划》
编制委员会

1. 领导小组

组　　长：艾毓辉

副组长：陈学云　陈幸良　郑兴华　张　燕　严代碧

成　　员：刘　诚　谢玉常　李　丹　江克华　谢宗良

2. 技术小组

组　　长：彭镇华

副组长：王　成　林　农

成　　员：慕长龙　张志强　贾宝全　肖前刚　邱尔发

　　　　　肖　宾　曾晓阳　谢宝元　郄光发　叶玉涛

　　　　　李　伟　郭二果　陈　辉　古　琳　唐丽霞

　　　　　孙　婧　侯晓静　杨伟伟　张清彦　李　黎

附图1
成都市卫星影像图

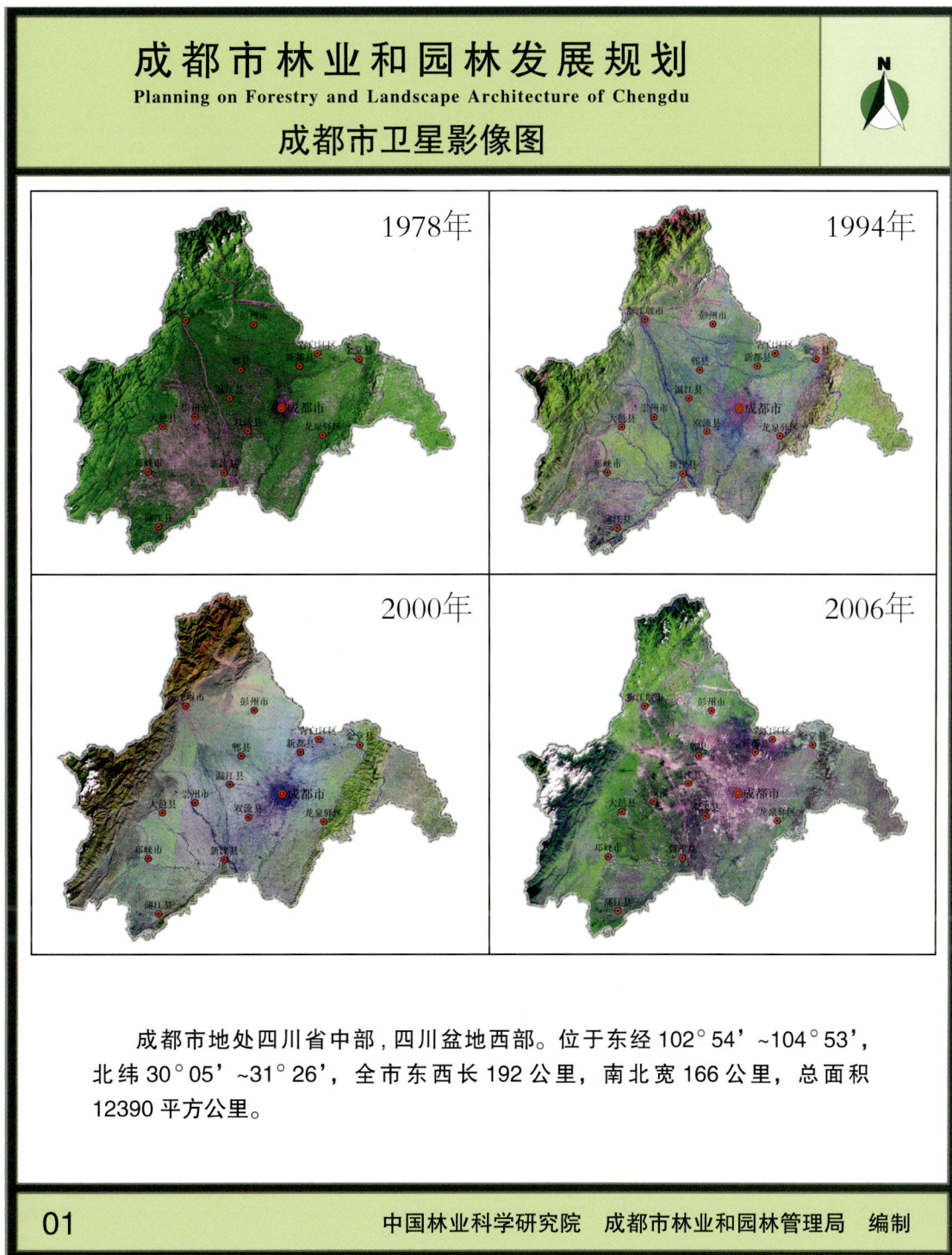

成都市林业和园林发展规划
Planning on Forestry and Landscape Architecture of Chengdu
成都市卫星影像图

1978年

1994年

2000年

2006年

成都市地处四川省中部,四川盆地西部。位于东经 102°54'~104°53',
北纬 30°05'~31°26',全市东西长 192 公里,南北宽 166 公里,总面积
12390 平方公里。

中国林业科学研究院 成都市林业和园林管理局 编制

附图2
成都市地势图

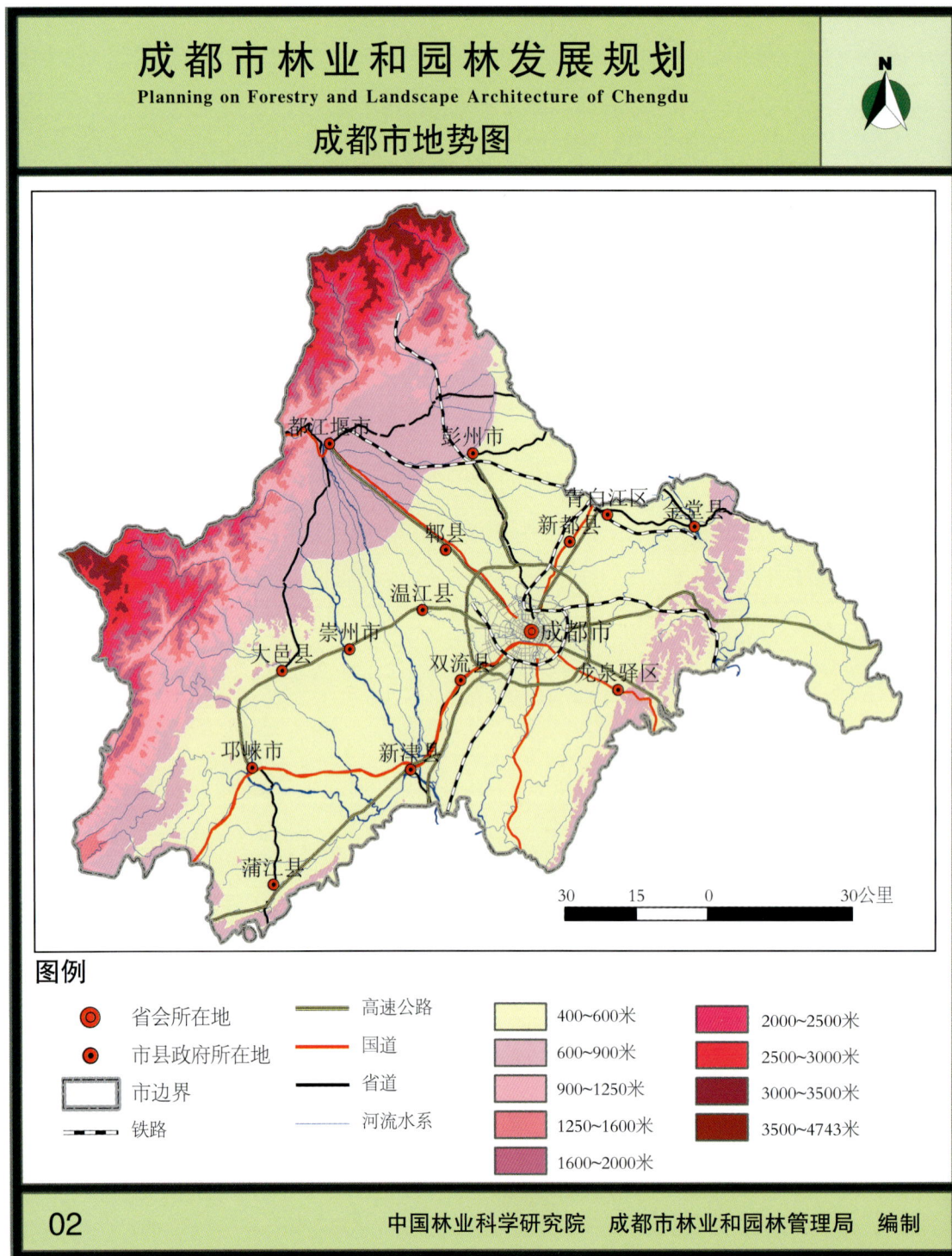

成都市林业和园林发展规划
Planning on Forestry and Landscape Architecture of Chengdu
成都市地势图

图例

省会所在地	高速公路	400~600米 / 2000~2500米
市县政府所在地	国道	600~900米 / 2500~3000米
市边界	省道	900~1250米 / 3000~3500米
铁路	河流水系	1250~1600米 / 3500~4743米
		1600~2000米

02　中国林业科学研究院　成都市林业和园林管理局　编制

附图3
成都市土地利用变化图

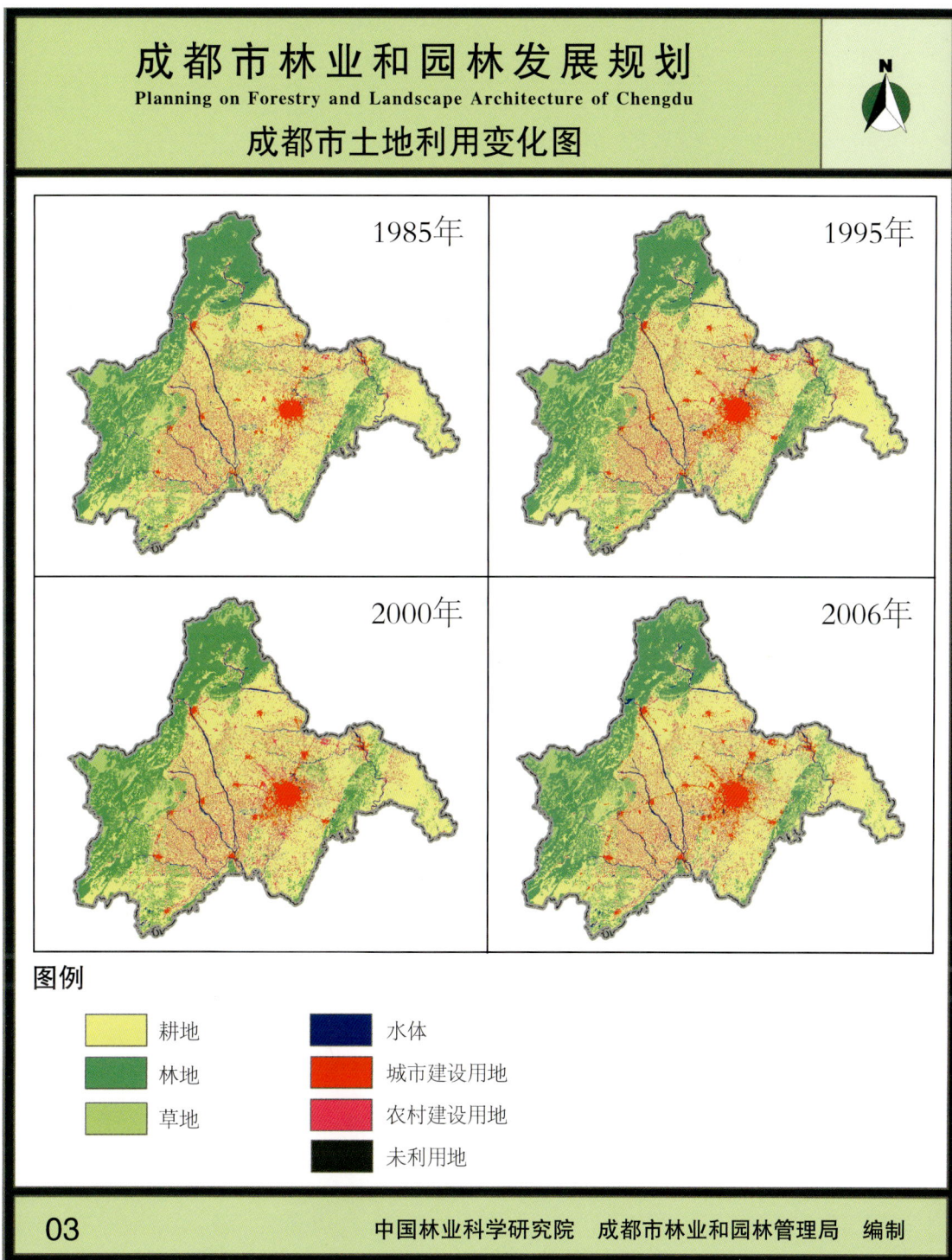

成都市林业和园林发展规划
Planning on Forestry and Landscape Architecture of Chengdu
成都市土地利用变化图

1985年 1995年 2000年 2006年

图例

耕地　　水体
林地　　城市建设用地
草地　　农村建设用地
　　　　未利用地

中国林业科学研究院　成都市林业和园林管理局　编制

附图4
成都市森林资源分布图

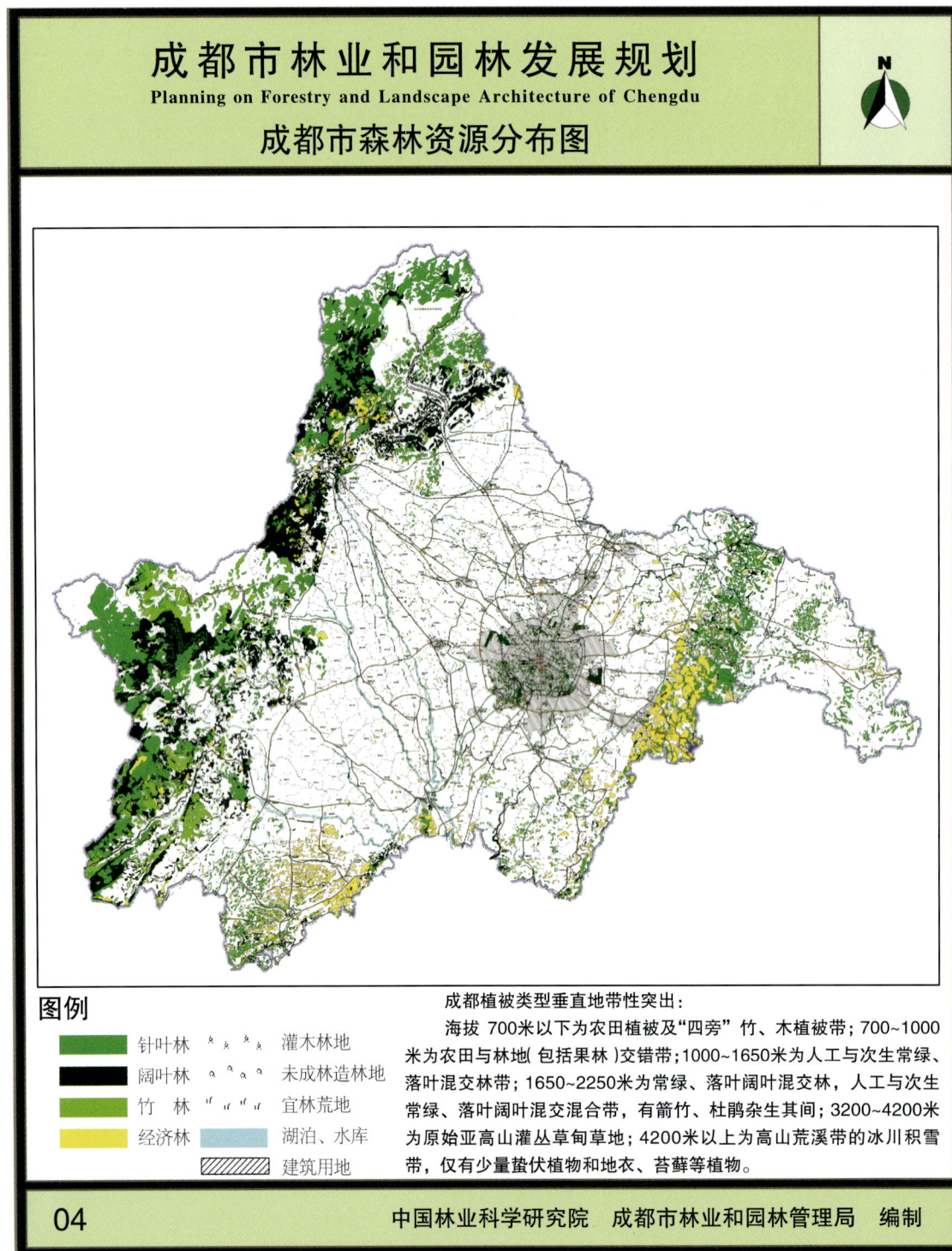

成都市林业和园林发展规划
Planning on Forestry and Landscape Architecture of Chengdu
成都市森林资源分布图

N

图例

针叶林		灌木林地	
阔叶林		未成林造林地	
竹 林		宜林荒地	
经济林		湖泊、水库	
		建筑用地	

成都植被类型垂直地带性突出：

海拔 700米以下为农田植被及"四旁"竹、木植被带；700~1000米为农田与林地（包括果林）交错带；1000~1650米为人工与次生常绿、落叶混交林带；1650~2250米为常绿、落叶阔叶混交林，人工与次生常绿、落叶阔叶混交混合带，有箭竹、杜鹃杂生其间；3200~4200米为原始亚高山灌丛草甸草地；4200米以上为高山荒溪带的冰川积雪带，仅有少量蛰伏植物和地衣、苔藓等植物。

04　　　　　　　　　中国林业科学研究院　成都市林业和园林管理局　编制

附图5
成都市主城区绿地现状分布图

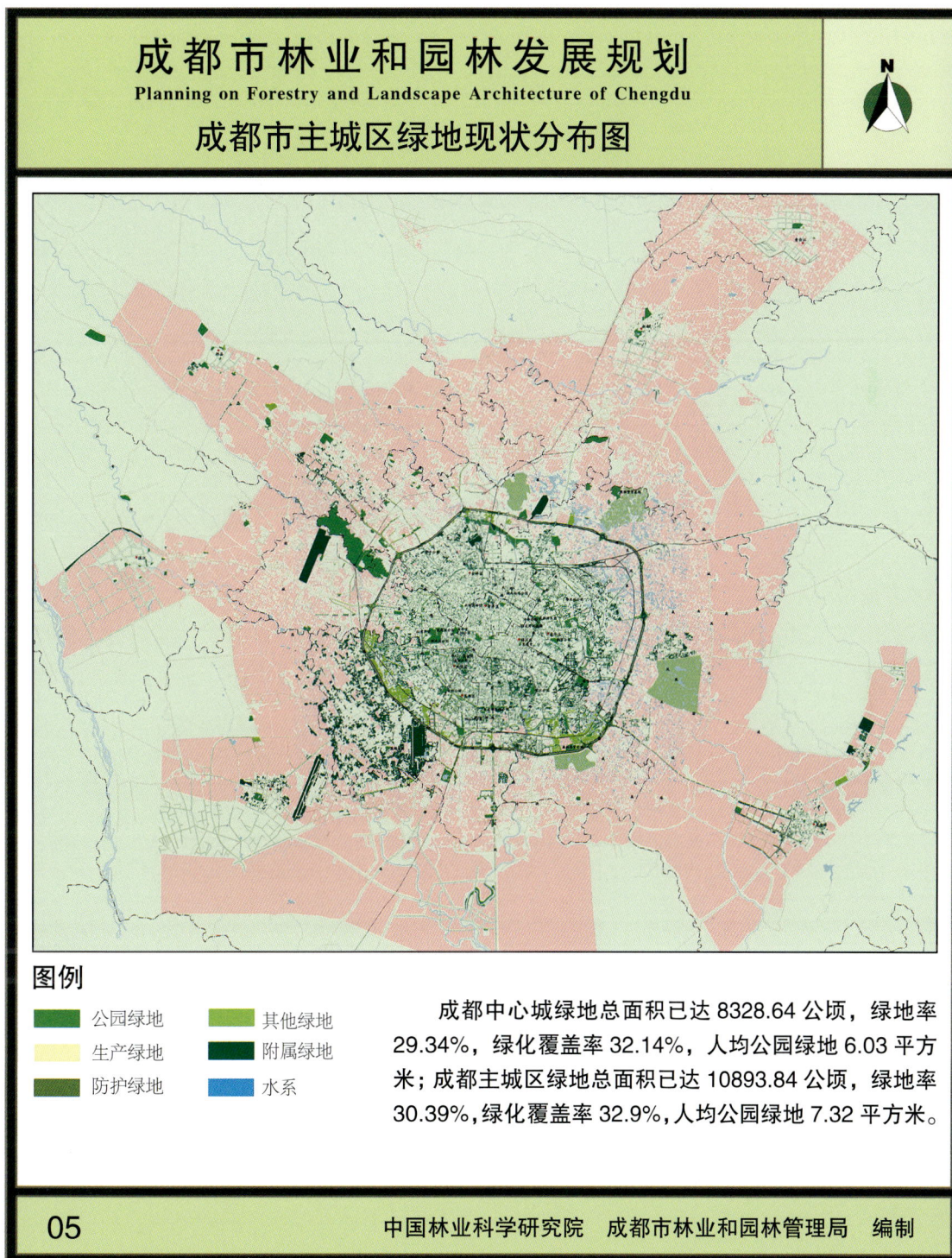

成 都 市 林 业 和 园 林 发 展 规 划
Planning on Forestry and Landscape Architecture of Chengdu
成都市主城区绿地现状分布图

图例

- 公园绿地
- 生产绿地
- 防护绿地
- 其他绿地
- 附属绿地
- 水系

　　成都中心城绿地总面积已达 8328.64 公顷，绿地率 29.34%，绿化覆盖率 32.14%，人均公园绿地 6.03 平方米；成都主城区绿地总面积已达 10893.84 公顷，绿地率 30.39%，绿化覆盖率 32.9%，人均公园绿地 7.32 平方米。

05　　　　中国林业科学研究院　成都市林业和园林管理局　编制

附图6
成都市 2006 年 NDVI 指数变化图

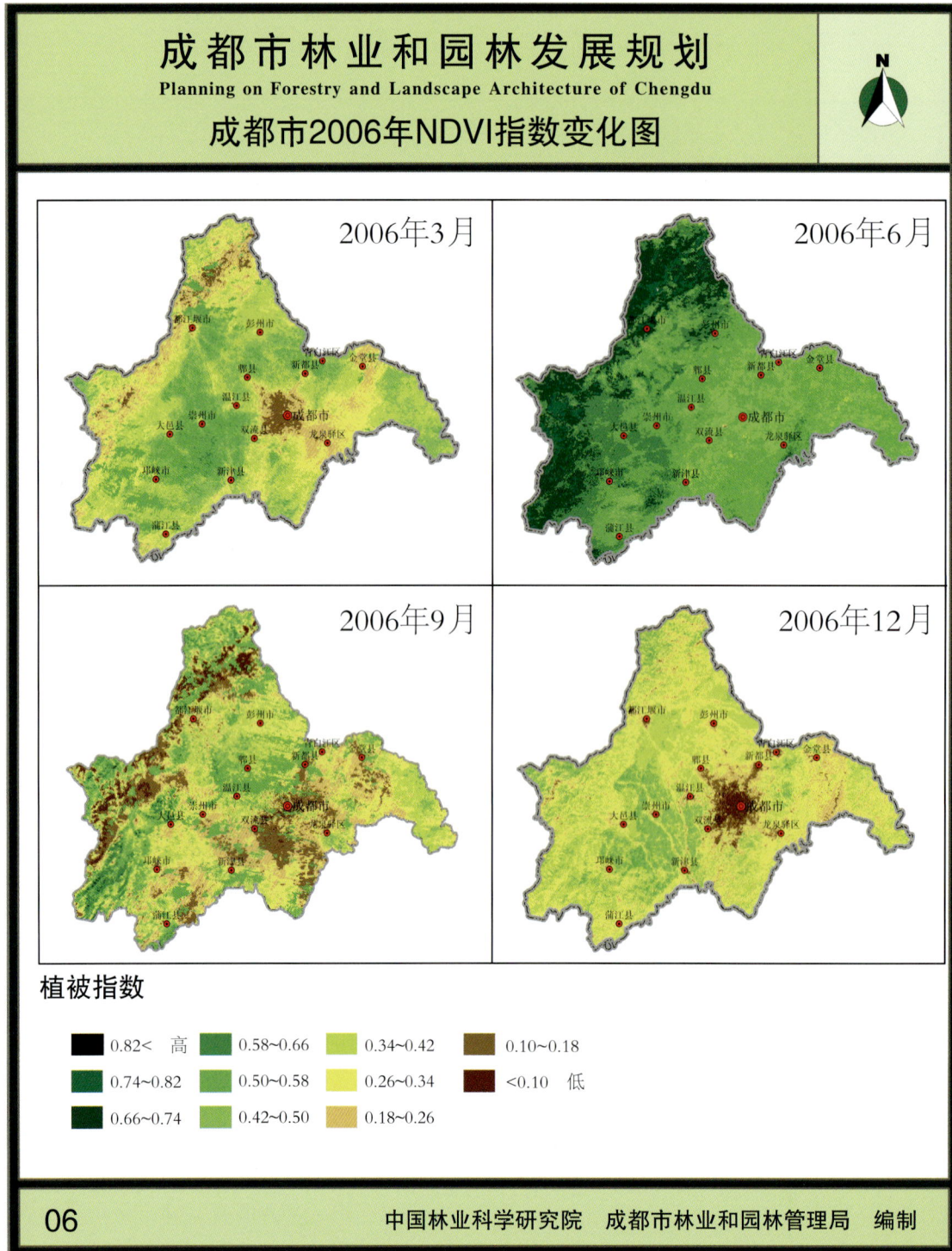

成都市林业和园林发展规划
Planning on Forestry and Landscape Architecture of Chengdu

成都市2006年NDVI指数变化图

植被指数

■ 0.82< 高	■ 0.58~0.66	□ 0.34~0.42	■ 0.10~0.18
■ 0.74~0.82	■ 0.50~0.58	□ 0.26~0.34	■ <0.10 低
■ 0.66~0.74	□ 0.42~0.50	□ 0.18~0.26	

中国林业科学研究院　成都市林业和园林管理局　编制

附图7

总体布局示意图

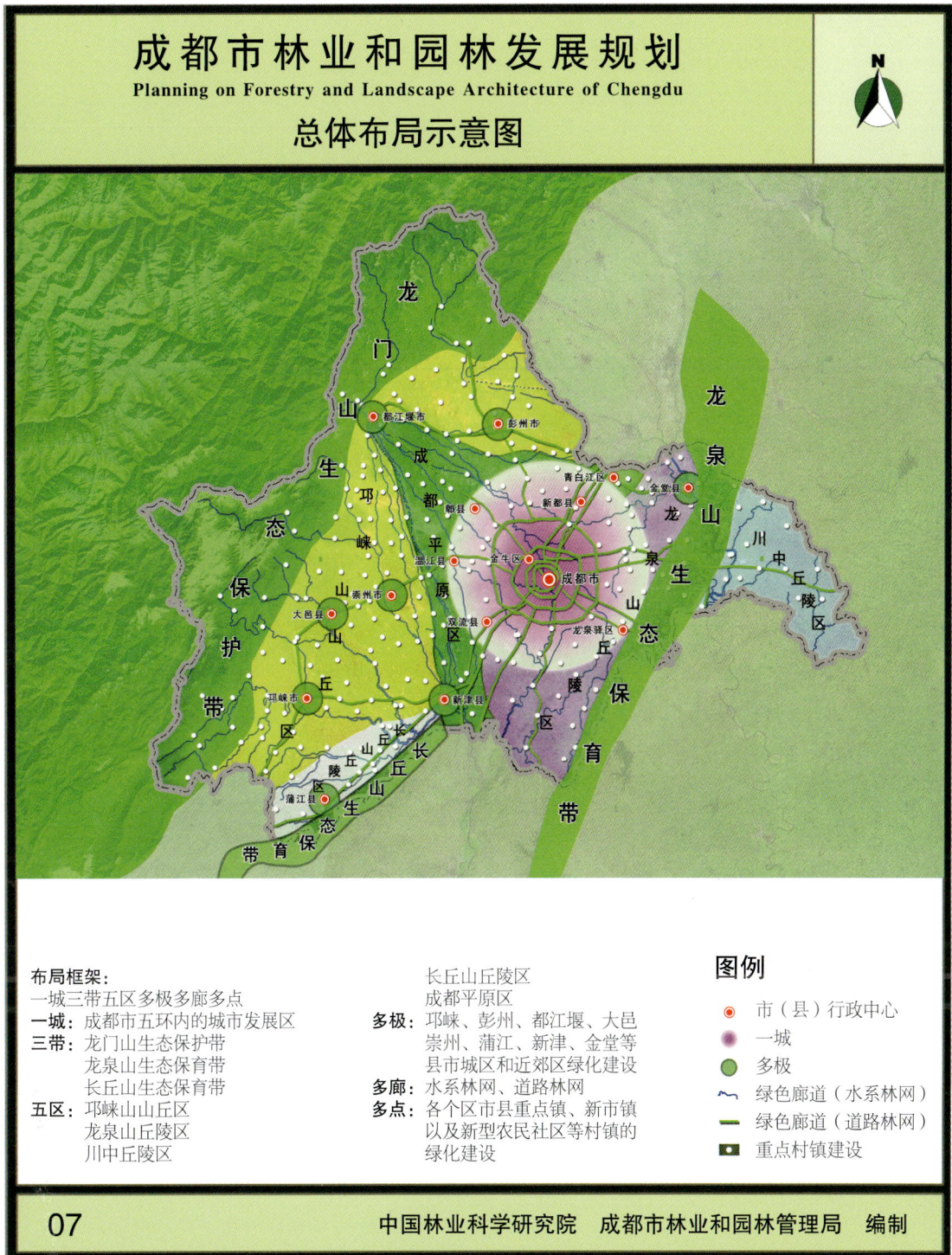

成都市林业和园林发展规划
Planning on Forestry and Landscape Architecture of Chengdu
总体布局示意图

布局框架：
一城三带五区多极多廊多点
一城：成都市五环内的城市发展区
三带：龙门山生态保护带
　　　龙泉山生态保育带
　　　长丘山生态保育带
五区：邛崃山山丘区
　　　龙泉山丘陵区
　　　川中丘陵区

长丘山丘陵区
成都平原区
多极：邛崃、彭州、都江堰、大邑
　　　崇州、蒲江、新津、金堂等
　　　县市城区和近郊区绿化建设
多廊：水系林网、道路林网
多点：各个区市县重点镇、新市镇
　　　以及新型农民社区等村镇的
　　　绿化建设

图例

⊙	市（县）行政中心
●	一城
●	多极
〰	绿色廊道（水系林网）
━	绿色廊道（道路林网）
▣	重点村镇建设

07　　　　中国林业科学研究院　成都市林业和园林管理局　编制

附图8

山丘区布局示意图

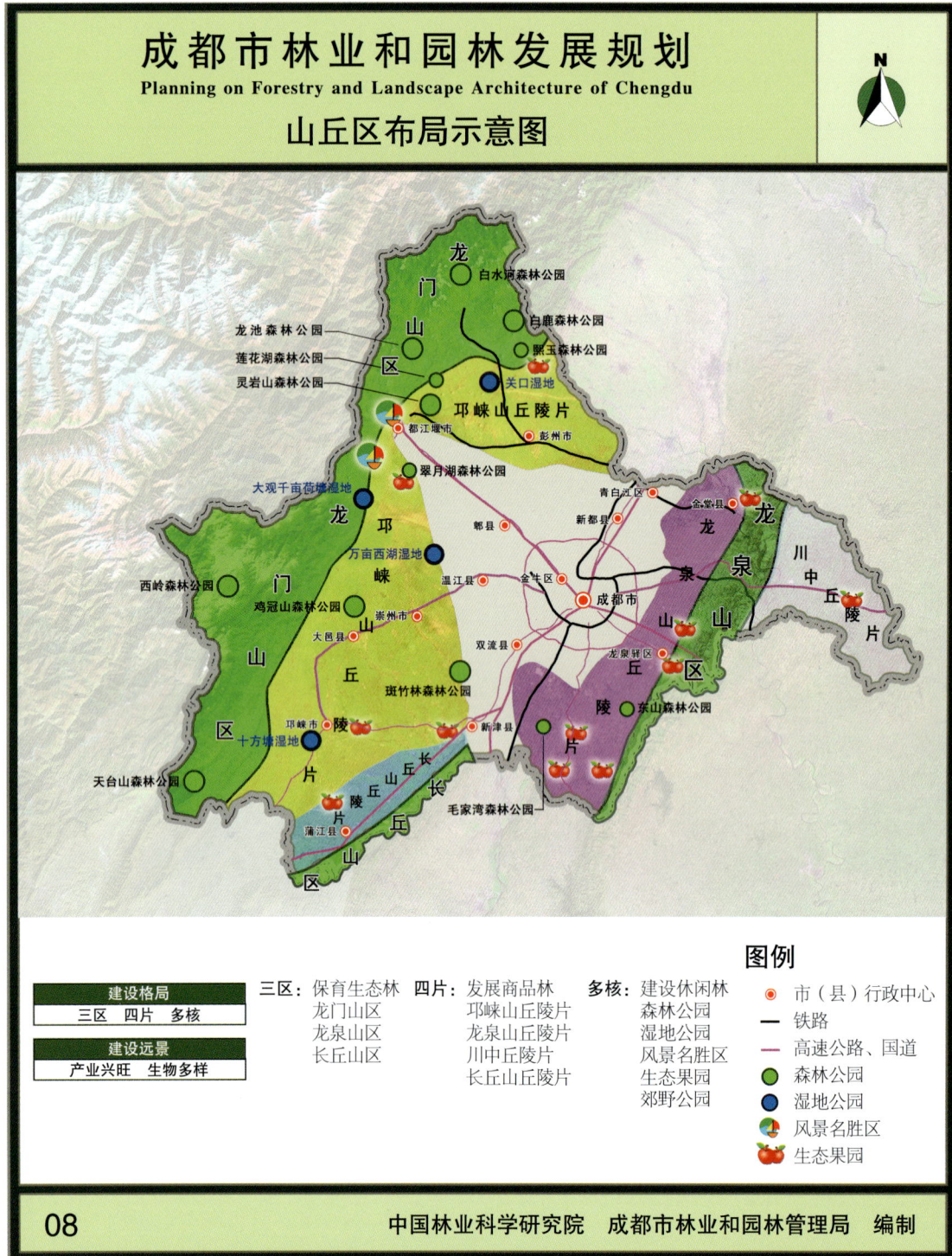

成都市林业和园林发展规划
Planning on Forestry and Landscape Architecture of Chengdu
山丘区布局示意图

中国林业科学研究院　成都市林业和园林管理局　编制

08

附图9
平原区布局示意图

成都市林业和园林发展规划
Planning on Forestry and Landscape Architecture of Chengdu
平原区布局示意图

中国林业科学研究院　成都市林业和园林管理局　编制

附图10
城区规划示意图

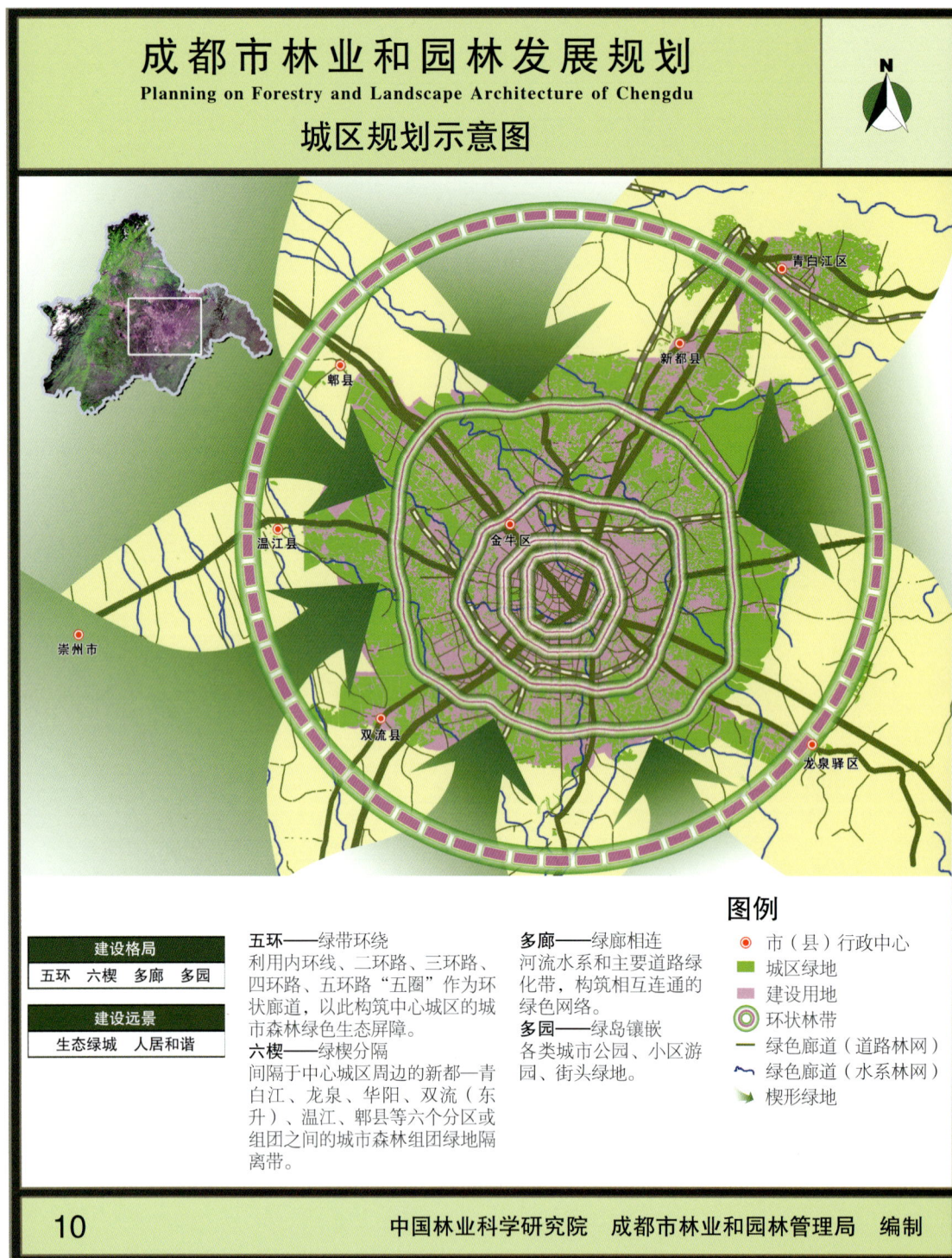

成都市林业和园林发展规划
Planning on Forestry and Landscape Architecture of Chengdu
城区规划示意图

青白江区
新都县
郫县
温江县
金牛区
崇州市
双流县
龙泉驿区

建设格局
五环 六楔 多廊 多园

建设远景
生态绿城 人居和谐

五环——绿带环绕
利用内环线、二环路、三环路、四环路、五环路"五圈"作为环状廊道，以此构筑中心城区的城市森林绿色生态屏障。
六楔——绿楔分隔
间隔于中心城区周边的新都—青白江、龙泉、华阳、双流（东升）、温江、郫县等六个分区或组团之间的城市森林组团绿地隔离带。

多廊——绿廊相连
河流水系和主要道路绿化带，构筑相互连通的绿色网络。
多园——绿岛镶嵌
各类城市公园、小区游园、街头绿地。

图例
○ 市（县）行政中心
■ 城区绿地
■ 建设用地
◎ 环状林带
— 绿色廊道（道路林网）
～ 绿色廊道（水系林网）
➤ 楔形绿地

10　中国林业科学研究院　成都市林业和园林管理局　编制

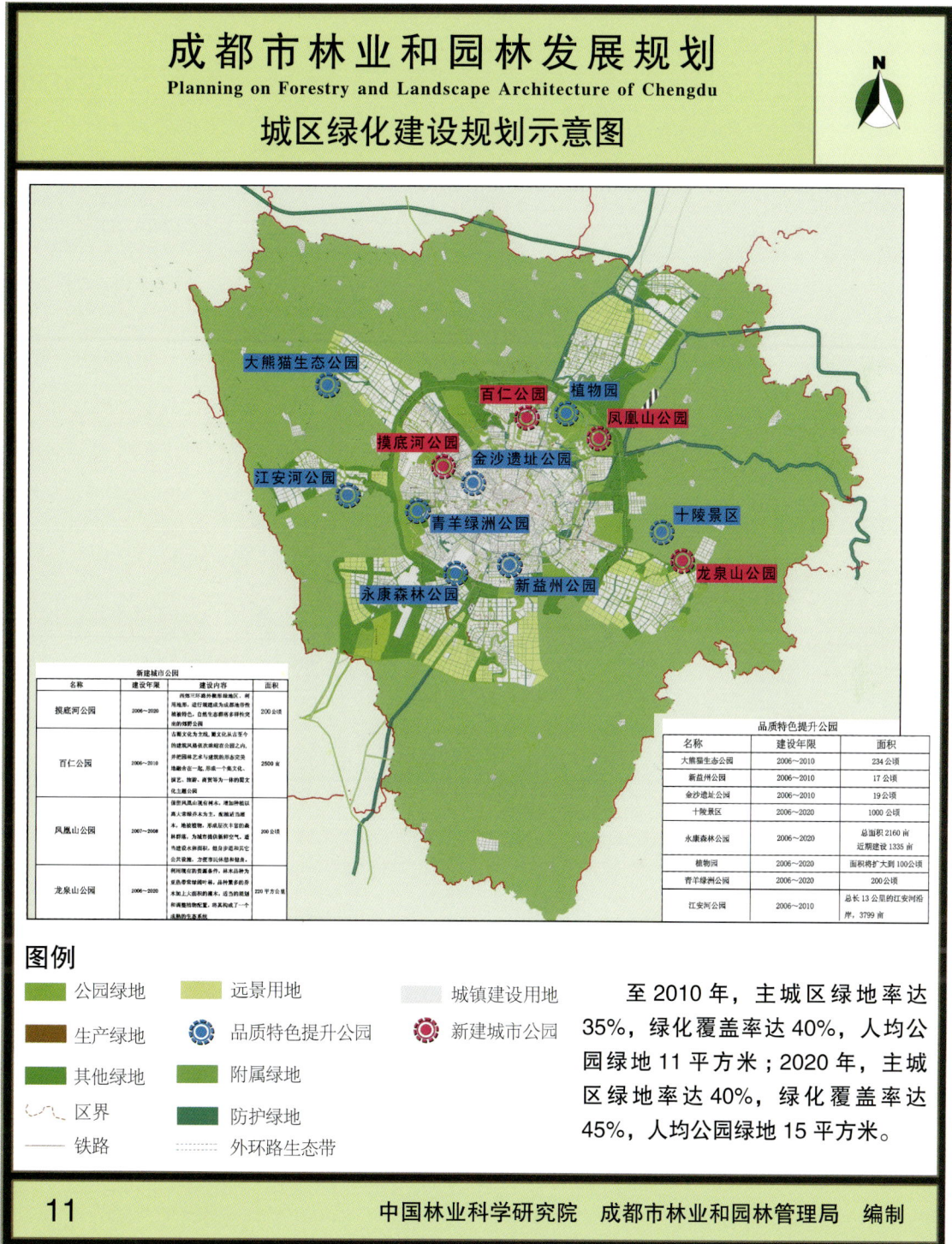

附图11

城区绿化建设规划示意图

成都市林业和园林发展规划
Planning on Forestry and Landscape Architecture of Chengdu
城区绿化建设规划示意图

N

大熊猫生态公园　百仁公园　植物园　凤凰山公园　摸底河公园　金沙遗址公园　江安河公园　青羊绿洲公园　十陵景区　永康森林公园　新益州公园　龙泉山公园

新建城市公园

名称	建设年限	建设内容	面积
摸底河公园	2006~2020	两侧(不)环路外截至绿线区、利用地形，进行周围建成为此都市休作绿树新特色、自然生态群落多样利突出的城郊森公园	200公顷
百仁公园	2006~2010	古蜀文化为主线，置文化历史至今今纳建筑风格低质规划百合园之内，并把园林艺术与建筑物市本交克克融融合在一起，形成一个集文化、园艺、旅游、商贸综合一体的图文化主题公园	2500亩
凤凰山公园	2007~2008	保护凤凰山现有树木、增加种植以高大常绿乔木为主、配搭此当地木、地被植物、形成反庆丰富的森林群落，为城市提供新鲜空气、通市建设水体面积，组与步道和完定会共设施，提作市民休息和服务点	200公顷
龙泉山公园	2006~2020	利用现有防害森林、林木品种为木质常绿阔叶林、适当的增林改和调整协调配置，将其构成了一一流的生态园	220平方公里

品质特色提升公园

名称	建设年限	面积
大熊猫生态公园	2006~2010	234公顷
新益州公园	2006~2010	17公顷
金沙遗址公园	2006~2010	19公顷
十陵景区	2006~2020	1000公顷
永康森林公园	2006~2020	总面积2160亩 近期建设1335亩
植物园	2006~2020	面积将扩大到100公顷
青羊绿洲公园	2006~2020	200公顷
江安河公园	2006~2010	总长13公里的江安河沿岸，3799亩

图例

公园绿地　　　远景用地　　　城镇建设用地
生产绿地　　　品质特色提升公园　　　新建城市公园
其他绿地　　　附属绿地
区界　　　防护绿地
铁路　　　外环路生态带

至2010年，主城区绿地率达35%，绿化覆盖率达40%，人均公园绿地11平方米；2020年，主城区绿地率达40%，绿化覆盖率达45%，人均公园绿地15平方米。

11　　中国林业科学研究院　成都市林业和园林管理局　编制

附图12
城乡绿色健康生态走廊建设规划示意图

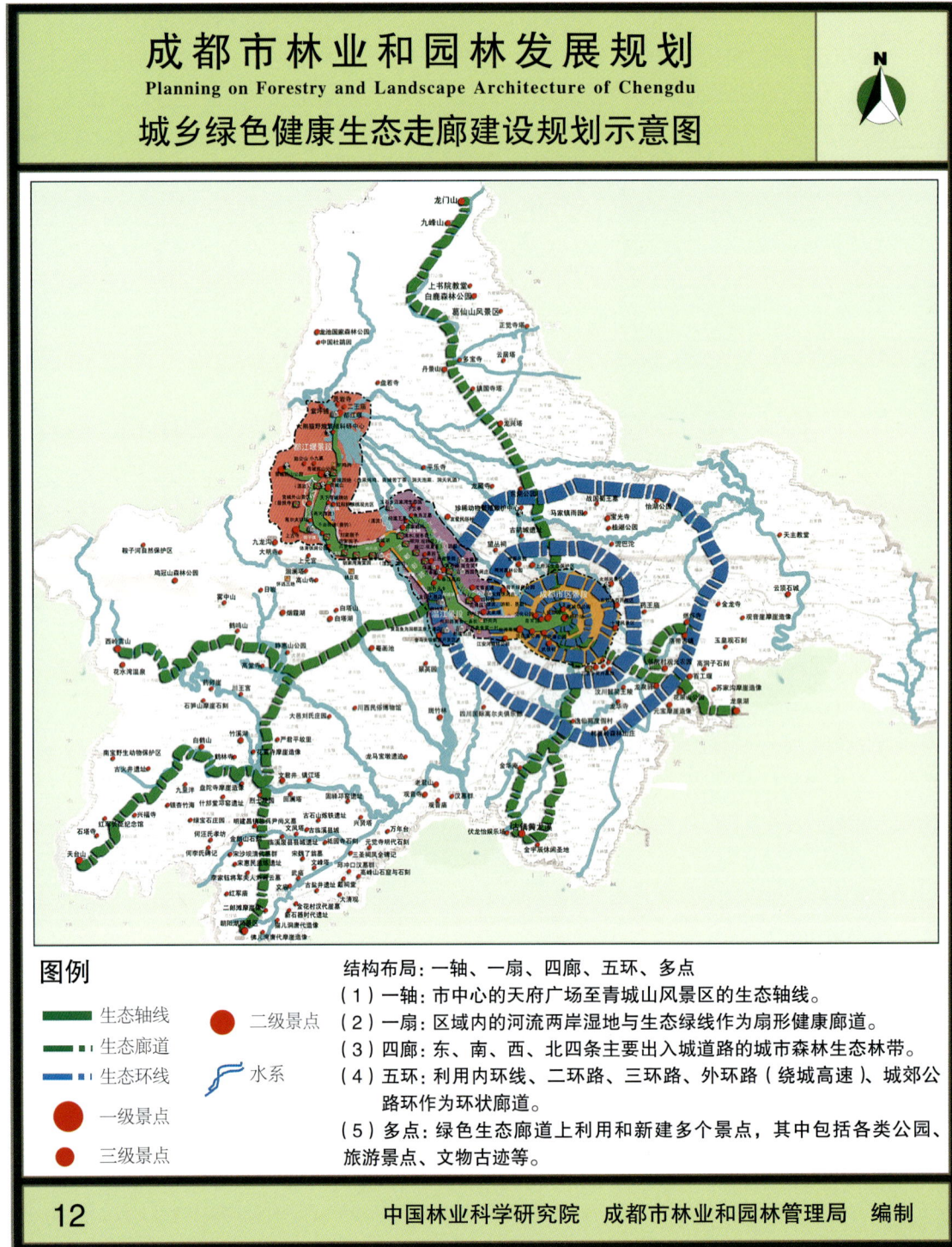

附图13
山丘森林保育规划示意图

成都市林业和园林发展规划
Planning on Forestry and Landscape Architecture of Chengdu
山丘森林保育规划示意图

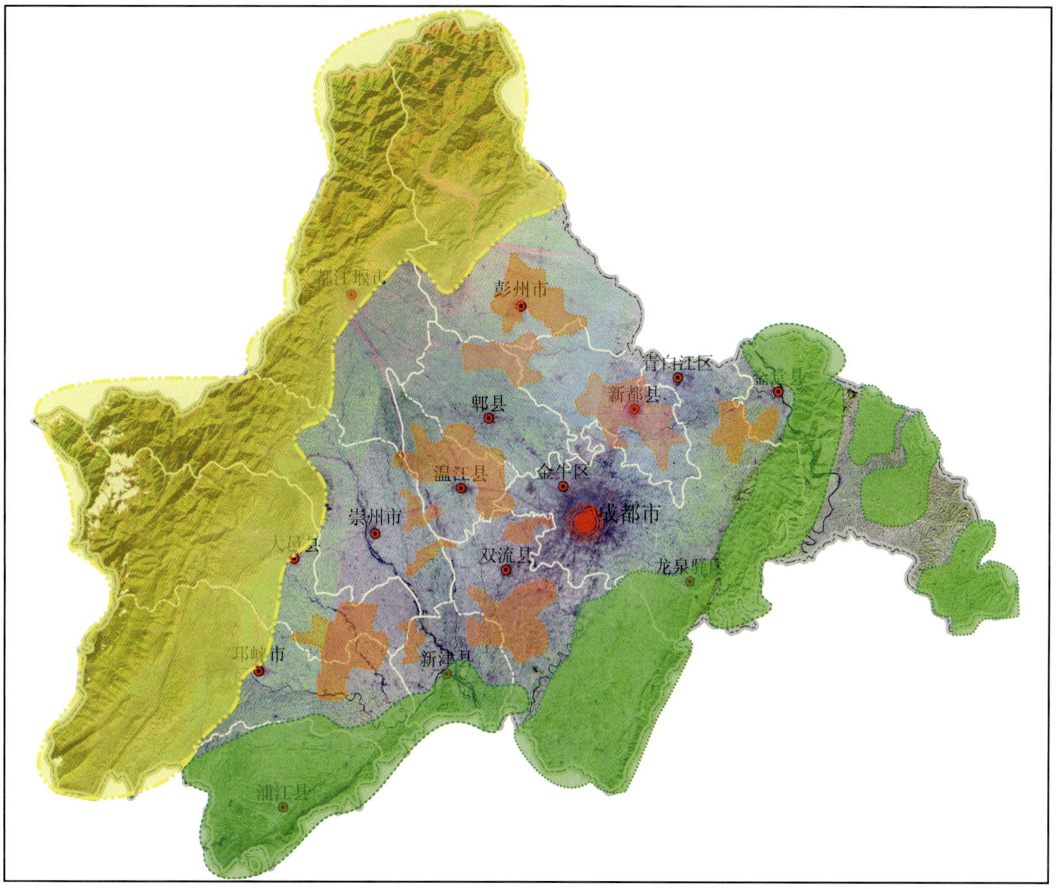

图例

⊛ 市区

● 区县

▨ 龙泉山脉生态保育带

▨ 龙门山脉生态保育带

▨ 平原区生态保育带

　　主要的山区森林保育建设按照区域特点和主体目标的差异，在各个县（市、区）都有带状、片状、斑状等的零星分布，其中面积较大并主要集中的有以下两个区域：市域西部的龙门山脉（邛崃山脉）和东部的龙泉山脉，呈东北—西南走向，是市域范围内风景名胜区、森林公园和自然保护区的主要分布地，分别规划成为龙泉山生态保育带和龙门山生态保护带。

13　　　　中国林业科学研究院　成都市林业和园林管理局　编制

附图14

湿地建设规划布局图

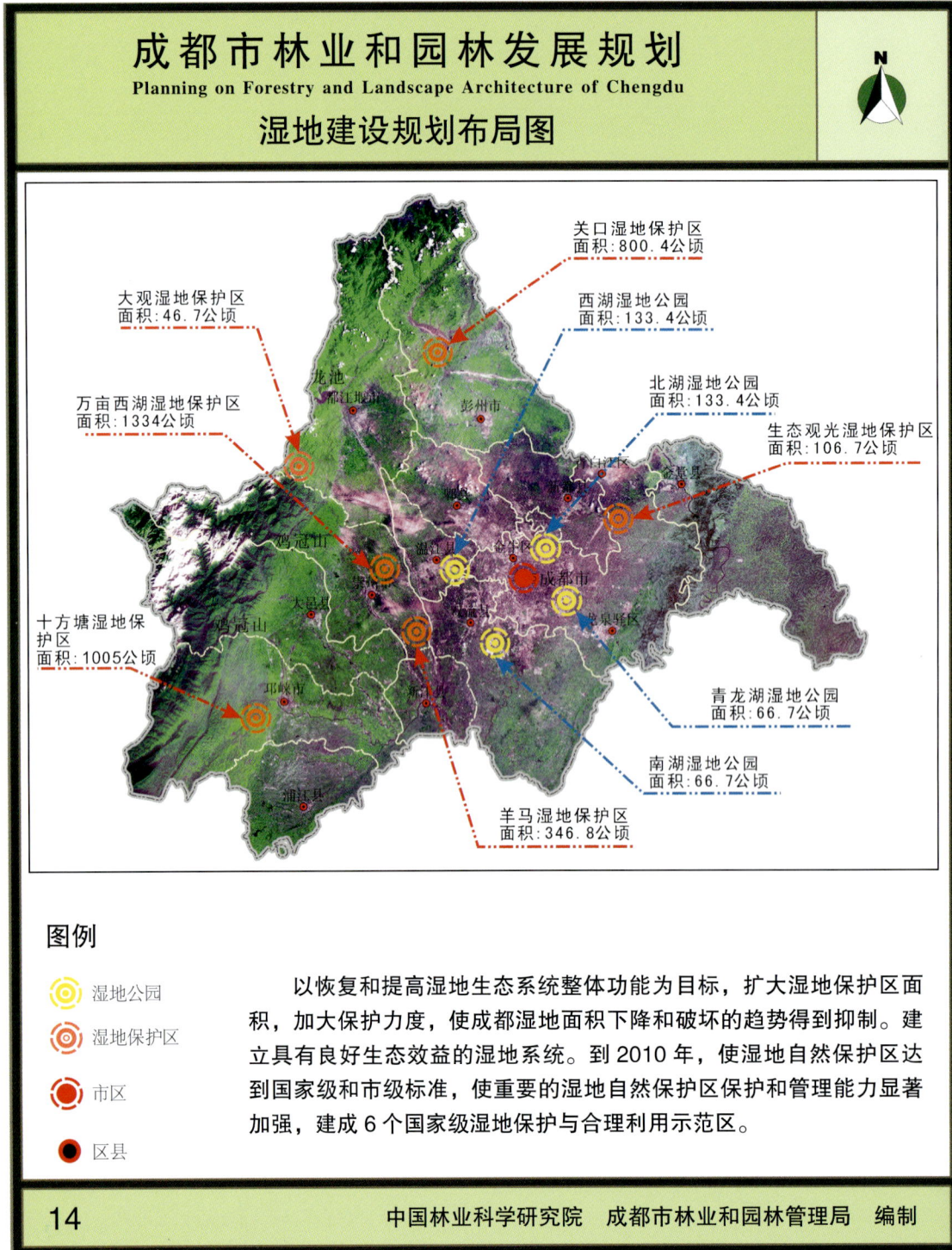

成都市林业和园林发展规划
Planning on Forestry and Landscape Architecture of Chengdu

湿地建设规划布局图

关口湿地保护区
面积:800.4公顷

西湖湿地公园
面积:133.4公顷

大观湿地保护区
面积:46.7公顷

北湖湿地公园
面积:133.4公顷

万亩西湖湿地保护区
面积:1334公顷

生态观光湿地保护区
面积:106.7公顷

十方塘湿地保护区
面积:1005公顷

青龙湖湿地公园
面积:66.7公顷

南湖湿地公园
面积:66.7公顷

羊马湿地保护区
面积:346.8公顷

图例

- 湿地公园
- 湿地保护区
- 市区
- 区县

以恢复和提高湿地生态系统整体功能为目标，扩大湿地保护区面积，加大保护力度，使成都湿地面积下降和破坏的趋势得到抑制。建立具有良好生态效益的湿地系统。到2010年，使湿地自然保护区达到国家级和市级标准，使重要的湿地自然保护区保护和管理能力显著加强，建成6个国家级湿地保护与合理利用示范区。

14   中国林业科学研究院 成都市林业和园林管理局 编制

附图15
生态旅游工程规划示意图

成都市林业和园林发展规划
Flanning on Forestry and Landscape Architecture of Chengdu
生态旅游工程规划示意图

图中标注：
龙溪—虹口自然保护区
白水河（大熊猫）自然保护区
龙池森林公园
白鹿森林公园
鞍子河（大熊猫）自然保护区
斑竹林森林公园
鸡冠山森林公园
龙泉湖自然保护区
黑水河自然保护区
西岭森林公园
龙泉森林公园
石象湖自然保护区
柏合镇仰天窝城市森林公园
天台山森林公园
长滩湖自然保护区
东山森林公园
朝阳湖自然保护区

图例

- 已建森林公园
- 已建自然保护区
- 新建森林公园
- 新建自然保护区

森林公园：

对龙门山脉的都江堰、彭州、大邑、崇州、邛崃和蒲江的森林进行整体景观打造，实施森林景观修复和特色培植工程，科学合理种植色叶植物、香化植物和乡土特色森林景观植物。到2010年，重点续建和开发一批景观特色突出、区位优势好、品位高的森林公园8个以及结合资源开发一些森林旅游区。到2020年，力争森林公园和森林旅游区总数达12个，总面积达2.5万公顷，年接待量2000万人次。

湿地公园：

打造具有成都平原特色的湿地景观，充分发挥其生态旅游观光价值，建设湿地公园4个。到2010年，完成北湖的规划和建设；实现湿地旅游年接待量150万人次，总产值5亿元。到2020年，完成青龙湖、南湖和西湖的规划和建设；实现湿地旅游年接待量200万人次。

15 中国林业科学研究院 成都市林业和园林管理局 编制

附图16

乡村特色林盘保护建设区分布图

成都市林业和园林发展规划
Planning on Forestry and Landscape Architecture of Chengdu
乡村特色林盘保护建设区分布图

图例

◉ 市区
◉ 区县
◉ 林盘集中区
农耕型林盘片区
旅游型林盘片区
特殊产业型林盘片区
生态型林盘片区

全市农村区域现有各种规模的林盘约9万个，其中，规模较大、植被环境较好、林盘特征典型的大中型林盘共有7749个，到2010年规划保护2500个林盘聚居点，至2020年完成5249个。并将对其结合实际规划建设成为农耕型、旅游型、特殊产业型、生态型四类不同特色的林盘保护区。

16   中国林业科学研究院 成都市林业和园林管理局 编制

附图17

短轮伐工业原料林基地建设规划示意图

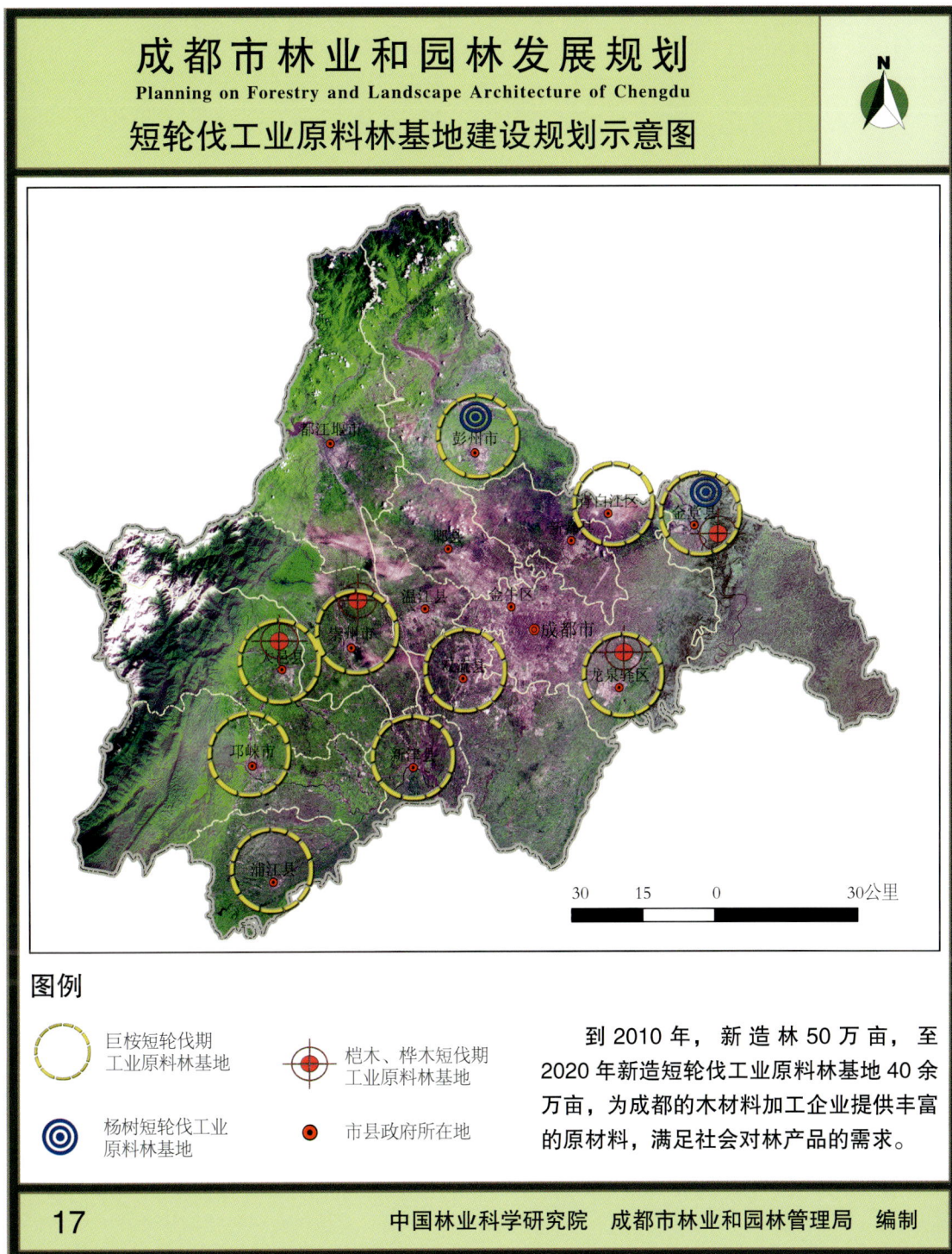

成都市林业和园林发展规划
Planning on Forestry and Landscape Architecture of Chengdu
短轮伐工业原料林基地建设规划示意图

图例

巨桉短轮伐期工业原料林基地

杨树短轮伐工业原料林基地

桤木、桦木短伐期工业原料林基地

市县政府所在地

到 2010 年，新造林 50 万亩，至 2020 年新造短轮伐工业原料林基地 40 余万亩，为成都的木材料加工企业提供丰富的原材料，满足社会对林产品的需求。

附图18
竹产业基地建设规划示意图

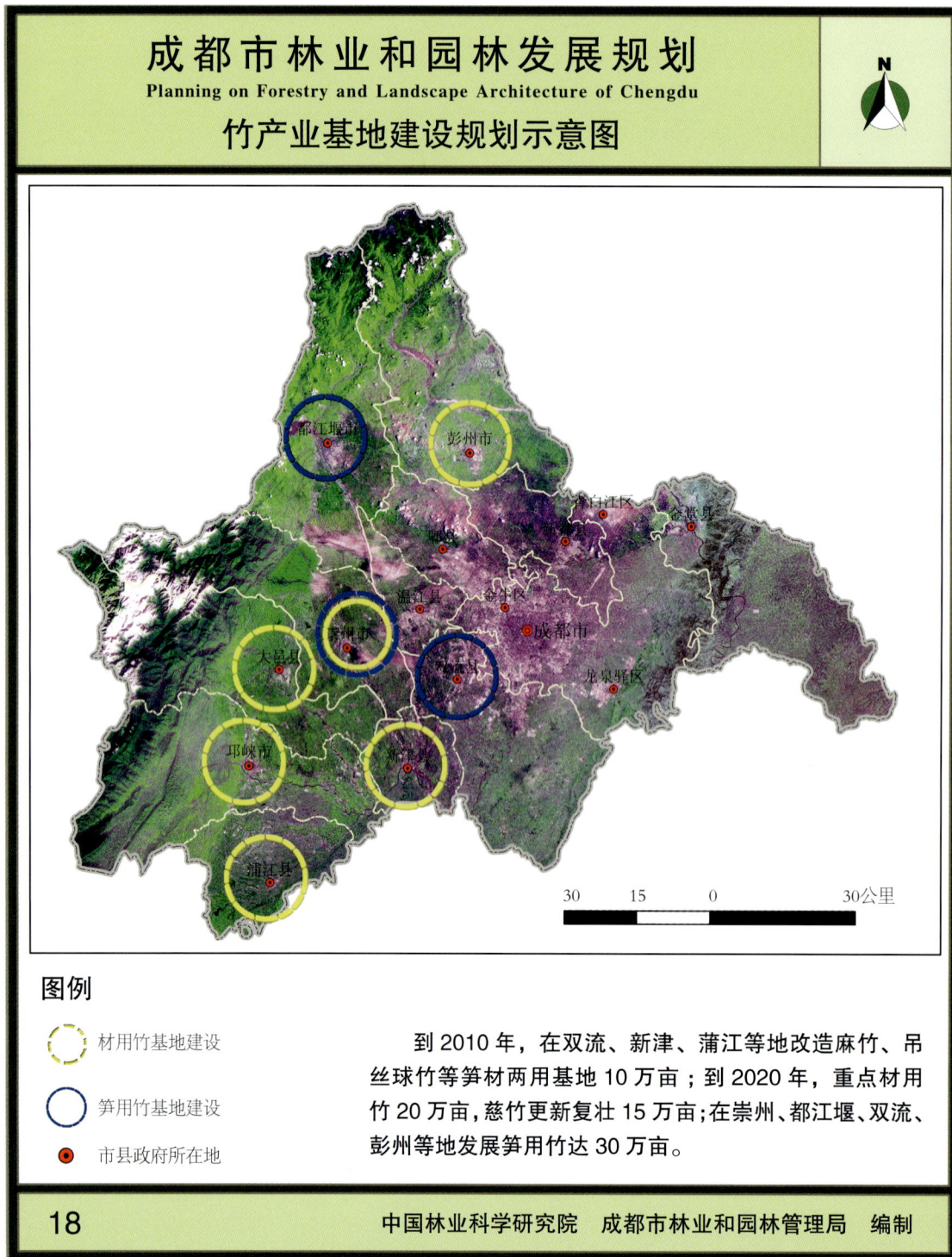

成都市林业和园林发展规划
Planning on Forestry and Landscape Architecture of Chengdu
竹产业基地建设规划示意图

图例

⊙ 材用竹基地建设

○ 笋用竹基地建设

◉ 市县政府所在地

　　到 2010 年，在双流、新津、蒲江等地改造麻竹、吊丝球竹等笋材两用基地 10 万亩；到 2020 年，重点材用竹 20 万亩，慈竹更新复壮 15 万亩；在崇州、都江堰、双流、彭州等地发展笋用竹达 30 万亩。

18　　　　中国林业科学研究院　成都市林业和园林管理局　编制

附图19
林药、果、茶基地建设规划示意图

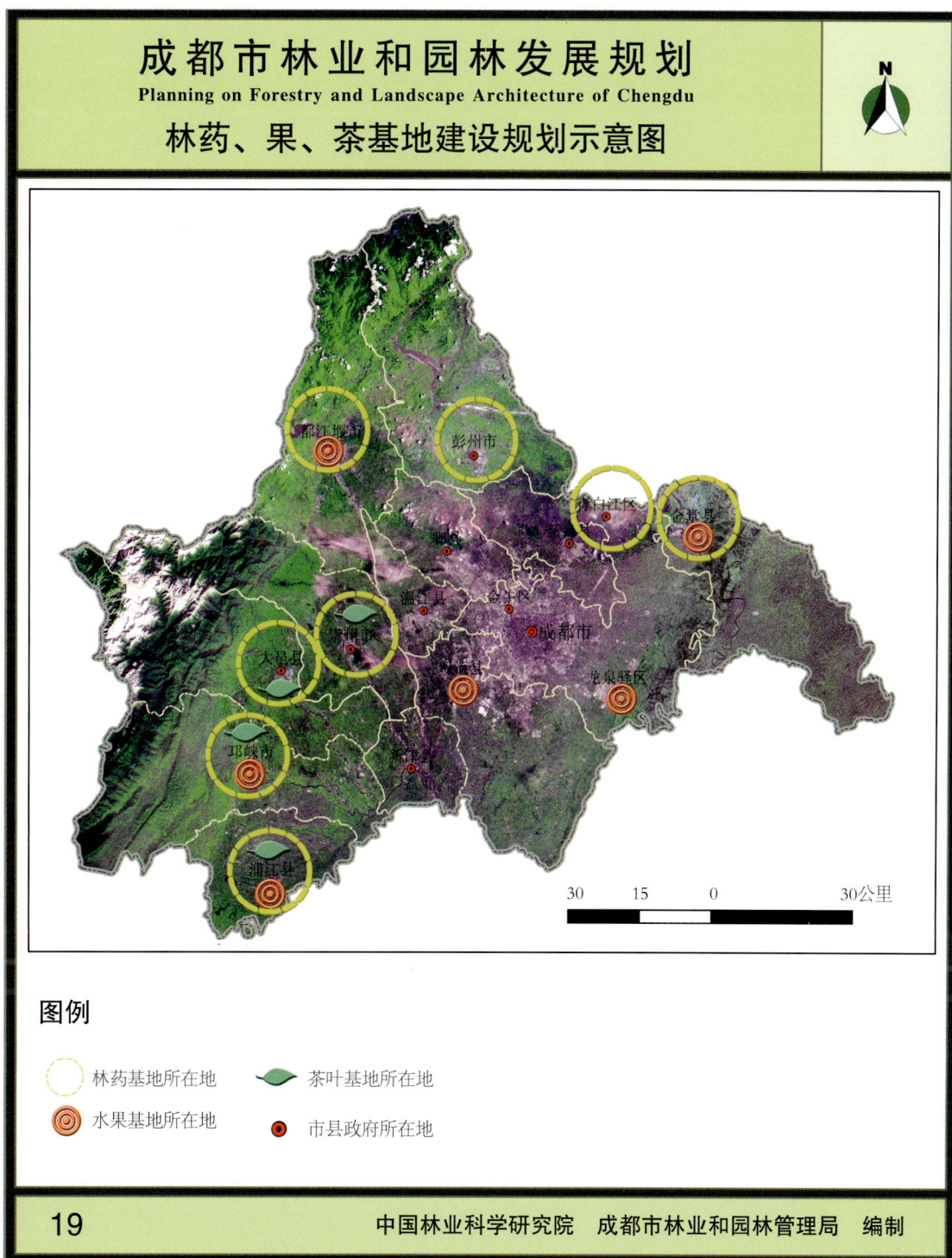

成都市林业和园林发展规划
Planning on Forestry and Landscape Architecture of Chengdu
林药、果、茶基地建设规划示意图

图例

林药基地所在地　　茶叶基地所在地
水果基地所在地　　市县政府所在地

中国林业科学研究院　成都市林业和园林管理局　编制

附图20
林木种苗花卉建设规划示意图

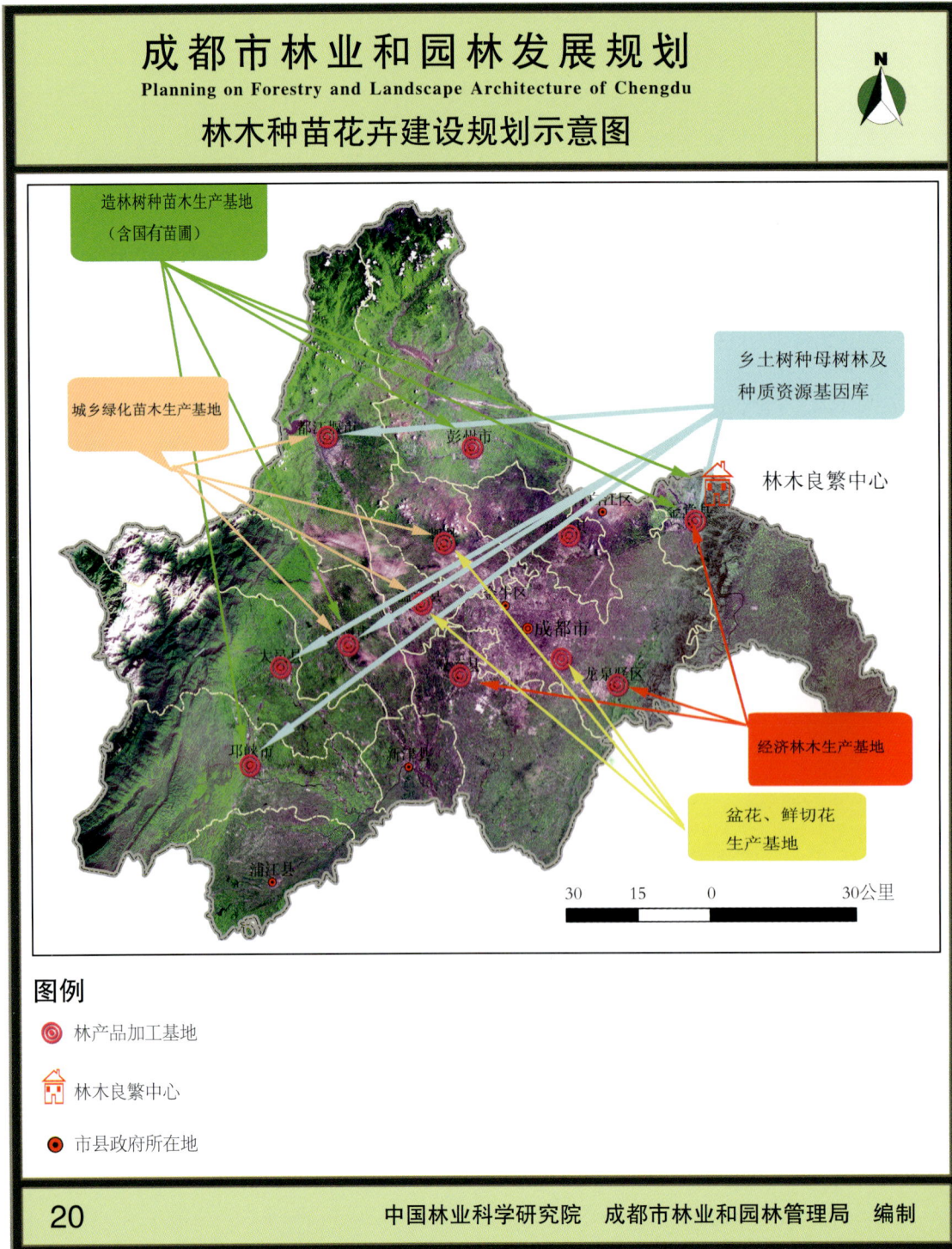

成都市林业和园林发展规划
Planning on Forestry and Landscape Architecture of Chengdu
林木种苗花卉建设规划示意图

造林树种苗木生产基地（含国有苗圃）

城乡绿化苗木生产基地

乡土树种母树林及种质资源基因库

林木良繁中心

经济林木生产基地

盆花、鲜切花生产基地

30 15 0 30公里

图例

林产品加工基地

林木良繁中心

市县政府所在地

附图21
林产品交易市场建设布局图

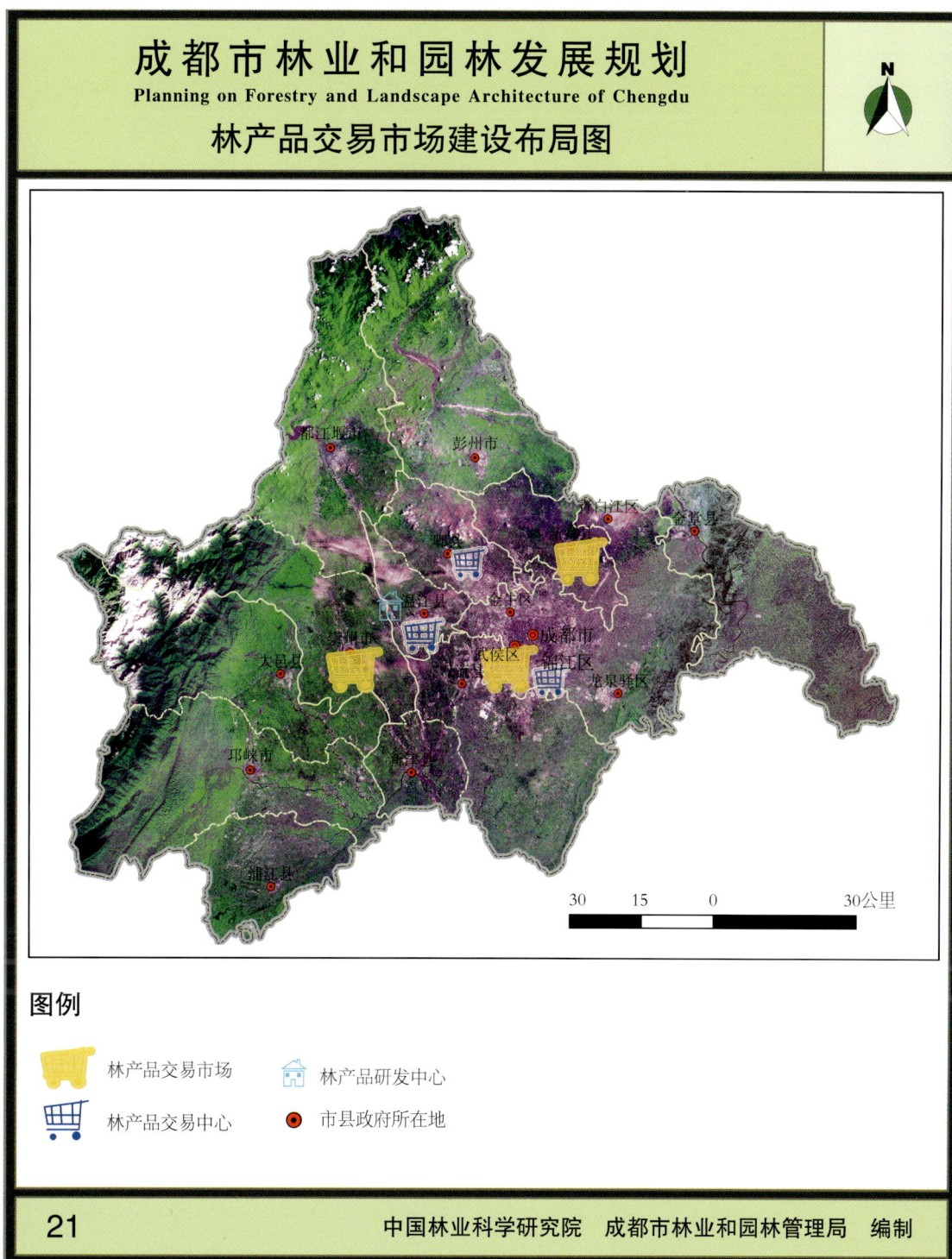

成都市林业和园林发展规划
Planning on Forestry and Landscape Architecture of Chengdu
林产品交易市场建设布局图

图例

- 林产品交易市场
- 林产品交易中心
- 林产品研发中心
- 市县政府所在地

国家林业局重点出版工程　国家出版基金资助项目

"十二五"国家重点图书出版规划项目——中国森林生态网络体系建设出版工程

📖 内容简介

党的十八大把生态文明建设放在突出地位,将生态文明建设提高到一个前所未有的高度,并提出建设美丽中国的目标,通过大力加强生态建设,实现中华疆域山川秀美,让我们的家园林荫气爽、鸟语花香,清水常流、鱼跃草茂。

2002 年,在中央和国务院领导亲自指导下,中国林业科学研究院院长江泽慧教授主持《中国可持续发展林业战略研究》,从国家整体的角度和发展要求提出生态安全、生态建设、生态文明的"三生态"指导思想,成为制定国家林业发展战略的重要内容。国家科技部、国家林业局等部委组织以彭镇华教授为首的专家们开展了"中国森林生态网络体系工程建设"研究工作,并先后在全国选择 25 个省(自治区、直辖市)的 46 个试验点开展了试验示范研究,按照"点"(北京、上海、广州、成都、南京、扬州、唐山、合肥等)"线"(青藏铁路沿线,长江、黄河中下游沿线,林业血防工程及蝗虫防治等)"面"(江苏、浙江、安徽、湖南、福建、江西等地区)理论大框架,面对整个国土合理布局,针对我国林业发展存在的问题,直接面向与群众生产、生活,乃至生命密切相关的问题;将开发与治理相结合,及科研与生产相结合,摸索出一套科学的技术支撑体系和健全的管理服务体系,为有效解决"林业惠农""既治病又扶贫"等民生问题,优化城乡人居环境,提升国土资源的整治与利用水平,促进我国社会、经济与生态的持续健康协调发展提供了有力的科技支撑和决策支持。

"中国森林生态网络体系建设出版工程"是"中国森林生态网络体系工程建设"等系列研究的成果集成。按国家精品图书出版的要求,以打造国家精品图书,为生态文明建设提供科学的理论与实践。其内容包括系列研究中的中国森林生态网络体系理论,我国森林生态网络体系科学布局的框架、建设技术和综合评价体系,新的经验,重要的研究成果等。包含各研究区域森林生态网络体系建设实践,森林生态网络体系建设的理念、环境变迁、林业发展历程、森林生态网络建设的意义、可持续发展的重要思想、森林生态网络建设的目标、森林生态网络分区建设;森林生态网络体系建设的背景、经济社会条件与评价、气候、土壤、植被条件、森林资源评价、生态安全问题;森林生态网络体系建设总体规划、林业主体工程规划等内容。这些内容紧密联系我国实际,是国内首次以全国国土区域为单位,按照点、线、面的框架,从理论探索和实验研究两个方面,对区域森林生态网络体系建设的规划布局、支撑技术、评价标准、保障措施等进行深入的系统研究;同时立足国情林情,从可持续发展的角度,对我国林业生产力布局进行科学规划,是我国森林生态网络体系建设的重要理论和技术支撑,为圆几代林业人"黄河流碧水,赤地变青山"梦想,实现中华民族的大复兴。

作者简介

彭镇华教授,1964 年 7 月获苏联列宁格勒林业技术大学生物学副博士学位。现任中国林业科学研究院首席科学家、博士生导师。国家林业血防专家指导组主任,《湿地科学与管理》《中国城市林业》主编,《应用生态学报》《林业科学研究》副主编等。主要研究方向为林业生态工程、林业血防、城市森林、林木遗传育种等。主持完成"长江中下游低丘滩地综合治理与开发研究""中国森林生态网络体系建设研究""上海现代城市森林发展研究"等国家和地方的重大及各类科研项目 30 余项,现主持"十二五"国家科技支撑项目"林业血防安全屏障体系建设示范"。获国家科技进步一等奖 1 项,国家科技进步二等奖 2 项,省部级科技进步奖 5 项等。出版专著 30 多部,在《Nature genetics》《BMC Plant Biology》等杂志发表学术论文 100 余篇。荣获首届梁希科技一等奖,2001 年被授予九五国家重点攻关计划突出贡献者,2002 年被授予"全国杰出专业人才"称号。2004 年被授予"全国十大英才"称号。